図解 いちばんやさしく丁寧に書いた
総務・労務 経理の本

'21~'22年版

成美堂出版

総務・労務・経理の第一歩 1

「総務」ってどんな仕事をするんだろう？

総務部に配属されたAくん

今年から、総務に配属が決まりました。どんな仕事をするところなんですか。

先生

「会社の営業活動が、円滑に行えるようサポートする」のが仕事だよ。たとえば、文房具や机、パソコン、自動車、オフィスを借りたり、買ったり…。こうした、会社に必要な「モノ」の購入や管理は総務の仕事だ。

それから、郵便物管理、取引先への季節の挨拶や慶弔のやりとり、クレーム対応、役員のスケジュール管理など。営業活動に役立つことなら、どんなことも仕事になり得るよ。

なんだか、たいへんそうです…

幅広い知識やスキルが必要になるね。基本業務をしっかり身につけることが第一。その後、経験を積みながらステップアップしていこう。まず、会社のどこに何があるのかしっかり把握しよう。

総務ではこんな仕事をする（例）

社内、社外に向けた、
さまざまな文書を作成する ▶ 36、38ページ

消耗品や会社の設備や備品を購入、管理する
▶ 42、44ページ

郵便物を管理する ▶ 48ページ

お中元やお歳暮を手配して送る ▶ 78ページ
社員旅行や忘年会、新年会などイベントを
主催したり、社内報を作成する ▶ 70ページ
社員の研修を行う
社外からのクレームに対応する
役員のスケジュールを管理する
株主総会を運営する ▶ 72ページ

総務をひと言で表すと　オールマイティな力を求められる
「縁の下の力持ち」

総務の目標

- ☑ 「会社のことなら何でも知っている人」を目指す。
- ☑ 社内外との良好な関係をつくり、信頼関係を築く。
- ☑ 正しい敬語やマナーを身につけ、他の社員の手本になる。
- ☑ 会社内の無駄や無理をなくす工夫を、実践できるようになる。

総務・労務・経理の第一歩 2

「労務」ってどんな仕事をするんだろう？

労務部に配属されたBくん

労務は、人にかかわる仕事をするといわれたのですが、どういうことでしょうか。

先生

社員に働いてもらうには、給料やボーナスを支払ったり、健康保険や厚生年金といった社会保険の手続きをしたり、労働時間や休日などをすべて管理することが必要だ。
　こうした社員（パートやアルバイトも含まれる）に関する仕事をするのが労務なんだ。

社員全員のことを管理するんですか。

もちろん！　給与の計算などは、間違いが許されない。社員1人ひとりに丁寧に対処しなければならないね。労務が雑な仕事をしていたら、その会社はすぐにガタガタになってしまうよ。
　社員みんなが安心して働けるようにするのが務めだ。

4

労務ではこんな仕事をする（例）

日々、発生する仕事

社員の入退社事務を行う	▶ 106～119ページ
社員の勤怠管理を行う	▶ 96ページ
社会保険や労働保険の各種手続きを行う	▶ 150～153ページ
社員の病気やケガに対応する（労災など）	▶ 134ページ
社員の結婚、出産、住所変更などの手続きを行う	▶ 138ページ

定期的に行う仕事

給与を計算して、支払い事務を行う	▶ 140ページ
給与から源泉徴収した税金を納める	▶ 146ページ
ボーナスの計算、支払い事務を行う	▶ 156ページ
給与改定の事務を行う	▶ 154ページ
募集・求人をする	▶ 158ページ

労務をひと言で表すと　日々、社員の働く環境を整え、**会社と社員を結ぶパイプ役**

労務の目標

- ☑ 給与の計算を、正確かつスピーディーにこなせる。
- ☑ さまざまな手続きについて、応用力のある知識を持つ。
- ☑ 常に社員が快適に働ける環境づくりを考え、実践できる。
- ☑ 法律の改正情報をいち早く手に入れ、早め早めに社内のしくみに反映させよう。

総務・労務・経理の第一歩 3

「経理」ってどんな仕事をするんだろう？

経理部に配属されたCさん

経理はお金の計算をするところですよね…。どんな計算をするんでしょうか。

先生

会社では、毎日さまざまなお金のやりとりが発生する。取引先からの入金や支払い、社員の使った経費の精算、借入金の返済など。
　経理では、こうした会社のお金のやりとりを、もれなく「帳簿」に記録していくのが仕事になる。

毎日の積み重ねが重要な仕事ですね。計算を間違えないようにしないと！

そう。そして、経理の最も大きな仕事は、年に一度の決算だ。決算とは、会社の1年間の活動の成果を金額でまとめることだ。日々の帳簿入力は、決算書を正しくつくるために行っているともいえる。
　預金や手形、小切手、税金などの知識を身につけるのも必須だね。

経理ではこんな仕事をする（例）

毎日〜定期的に行う仕事

会社の取引について、
伝票を起こし、帳簿に入力する ▶ 180ページ

請求書を発行し、入金を管理する ▶ 174ページ

支払いを行い、領収書を発行する ▶ 176ページ

年に一度行う仕事

年末調整を行う ▶ 206〜211ページ

決算業務を行う ▶ 214〜233ページ
（棚卸→218ページ、減価償却→
222ページなど、決算調整を行う）

法人税など、税金を申告・納付する ▶ 234〜241ページ

経理を
ひと言で
表すと
会社の状態を全部知っている
お金のエキスパート

経理の目標

- ☑ 仕訳、複式簿記のしくみや考え方を理解する。
- ☑ 1円たりとも安易に扱わず、正確な計算ができる。
- ☑ 会社の数字の意味を理解して、適切にお金が使われているか（無駄はないか）がわかる。
- ☑ 会社の1年間の成果をまとめ、今後の経営に役立たせる。

さあ、仕事を
身につけよう

　総務・労務・経理は、小さな会社では兼務することも多い。共通して大切なのは、情報管理。扱う文書やデータは常に整理・整頓しておくこと！　機密情報や個人情報の厳重な扱いにも気をつけて。
　期日厳守の業務も多いから、綿密なスケジュール管理も重要だ。
　いずれも、会社の土台となる重要な仕事だ。会社全体の利益を考えて取り組もう。

総務の
仕事を
知りたい人は

30ページからの
第一章
「会社の仕事環境をばっちり整えよう」へ

労務の
仕事を
知りたい人は

86ページからの
第二章
「社員の手続きとルールをソツなく実践しよう」へ

経理の
仕事を
知りたい人は

164ページからの
第三章
「会社のお金の流れをしっかり把握しよう」へ

2023年10月スタート！
「インボイス制度」に備える

消費税の複数税率化に伴い、経理業務では区分経理が必要となり、2023年10月からはインボイス制度が始まります。2021年10月から登録受付開始です。そのしくみを理解しておきましょう。

区分経理からインボイス制度へ

| 通常の消費税率 → | **10%** （2019年10月〜） |
| 酒類・外食を除く飲食料品、週2回以上発行の新聞（定期購読契約） → | **8%** （軽減税率） |

消費税の課税事業者（→238ページ）は、経理業務で税率の区別が必要。

2023年9月まで「区分経理」

区分記載請求書等や帳簿により、取引の適用税率がわかるようにする。納税額は税率ごとに計算してから合計する（区分経理）。

- 請求書や領収書など…商品ごとに税率を確認して、分けて記載する（請求書の例→175ページ）。
- 帳簿…売り上げ・仕入れとも、税率ごとに区別して各帳簿に記載する。
- 税額計算…売り上げ、仕入れごとに、通常の税率と軽減税率分を別に計算して申告する＊。

＊税率ごとの区分が困難な中小企業などは、簡便な計算方法を使用できる（2023年9月までの経過措置）。

> ＼注意／
> 消費税の納付・申告義務のない免税事業者は、原則として区分経理の必要はない。しかし、課税事業者との取引で区分記載請求書を求められる場合もある。

2023年10月から「インボイス制度」

課税事業者は、適格請求書（インボイス）の発行・保存が必要になる。
▶くわしくは次ページ

消費税の仕入税額控除適用に必須

インボイス制度では、取引で「適格請求書」を発行して保存します（→下図）。適格請求書の発行には、税務署に申請して適格請求書発行事業者になることが必要です。帳簿の記載や税額計算は、区分経理と同様に税率を区別して行います。

> **仕入税額控除**
> 納付する消費税額の計算の際、売り上げで受け取った消費税額から仕入れで支払った消費税額を差し引くこと。

適格請求書の発行・保存が、
消費税の「仕入税額控除」の適用条件となる。

適格請求書のポイント

これまでの区分記載請求書（175ページ）に次の事項を追加する。

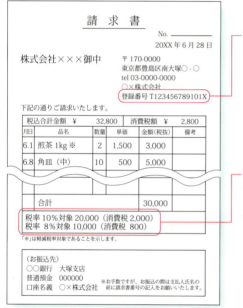

- 適格請求書発行事業者の登録番号
- 適用税率とそれぞれの消費税額（端数処理はその税率ごとに行う）

\注意/
免税事業者は発行できない。そのため、免税事業者との取引に対する消費税分は、仕入税額控除を受けられない（経過措置あり・下表）。

注・不特定多数の相手と取引（販売等）を行う小売業や飲食店業、タクシー業などは、一部簡略化した「適格簡易請求書」にできる。

免税事業者との取引に対する経過措置*

＊経過措置の適用を受ける旨を記載した帳簿の保存などが必要。

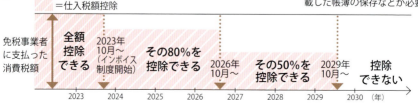

登録して適格請求書発行事業者になる

特集 2023年10月スタート！「インボイス制度」に備える

インボイス制度開始までのスケジュール

2021年10月 登録申請書の受付開始

※2023年10月から適格請求書発行事業者になるには、原則2023年3月までに提出する。

2023年10月 インボイス制度スタート

2021 ─ 2022 ─ 2023 ─ 2024 （年）

申請手続きの流れ

税務署に登録申請書を提出する

⬇

税務署の審査を受ける

⬇

登録番号が通知される（登録通知書の交付）

\注意／
免税事業者は課税事業者になることが必要
- 事前に消費税課税事業者選択届出書を提出する（次の課税期間から課税事業者になる）。
- 経過措置…2023年10月1日を含む課税期間中に、適格請求書発行事業者の登録をする場合は提出不要。登録を受けた日から課税事業者になれる。

- 登録番号はT＋法人番号または13ケタの数字。
- 登録情報は公表され、インターネットを通じて確認できる。

課税事業者になると、課税売上高1000万円以下でも消費税の申告・納付が必要になります。

「働き方改革」知っておきたい 10大ポイント

働き方改革は、正社員やパートタイマー、派遣社員など会社で働くすべての人が、健康的でそれぞれの事情に応じた働き方を選べるようにするしくみづくりです。10のポイントを解説します。

働き方改革への対応手順

それぞれのポイントについて、自社の実態や問題点をつかむ	業務内容や職場意識などを見直して、改善策を立てる	就業規則などを変更したうえで、周知・実践する
	各種補助金、助成金などの利用も検討する。	定期的に達成度をチェックして対策を見直す。

2023年4月から

1 割増賃金の引き上げが中小企業にも適用される

参考 100ページ

すべての会社で、月60時間を超える残業（時間外労働）の割増率が50％以上になる。

大企業ではすでに実施されています。

これまで
割増率 **25％**以上
1時間当たりの賃金

改正後
割増率 **50％**以上
1時間当たりの賃金

2020年4月スタート ＊大企業は2019年4月～。

> 参考
> 100ページ

2 残業（時間外労働）時間の上限が法制化された

月 **45時間**　　　年 **360時間**

臨時的な特別の事情がある場合も、①年720時間以下、②月100時間未満、③複数月平均80時間以下（②③は休日労働含む）。また、月45時間を超えられるのは1年に6か月まで。

注・自動車運転業務、建設事業、医師などは、施行から5年間適用を猶予される。

2021年4月スタート ＊大企業は2020年4月～。

> 参考
> 112ページ

3 従業員の不合理な待遇格差が禁じられた

正社員と非正規社員（パートタイマーや有期雇用労働者、派遣社員など）の間で、不合理な待遇格差（基本給、賞与、手当、福利厚生など）をつけてはならない。

正社員、非正規社員の違いにかかわらず、

職務内容（業務内容と責任の程度）や人事異動の範囲などが　**同じ** ➡ 待遇を同じにする（均等待遇）

違う ➡ 違いに応じた待遇とする（均衡待遇）

2021年4月スタート ＊大企業は2020年4月～。

> 参考
> 112ページ

4 従業員への待遇に関する説明義務が強化された

非正規社員から求められた場合、正社員との待遇の違いやその理由などについて説明しなければならない。

特集

「働き方改革」知っておきたい10大ポイント

その他の重要ポイント（いずれも施行ずみ）

5 従業員の有給休暇取得が会社に義務づけられた

従業員*の希望により有給休暇の時季を指定、年5日（最低）を取得させる（従業員の申出分を除く）。＊年10日以上の有給休暇がある従業員。

6 「勤務間インターバル制度」が努力義務になった

勤務終了から翌日の出社までに、一定以上のインターバル（休息時間）を確保することが推奨される。残業時間分の始業時刻の後ろ倒しなど。

7 すべての従業員の労働時間を適正に把握することが義務づけられた

参考
96ページ

従業員の健康管理のため、労働時間を客観的な方法で適正に把握しなければならない（原則）。そのうえで必要な休憩や休日を取得させる。

8 フレックスタイム制の清算期間が延長された

フレックスタイム制の清算期間*が、最長1か月から最長3か月になった。
＊フレックスタイム制ではこの期間で総労働時間を定め、従業員はその範囲内で始業・終業時刻を決められる。

9 「高度プロフェッショナル制度」がつくられた

高度な専門職で一定以上の年収要件を満たす従業員について、勤怠管理から除外できるしくみ。労働時間ではなく成果により報酬を支払う。

10 産業医の機能が強化された

参考
80ページ

従業員の健康管理のため、会社は産業医に必要な情報を提供し、産業医からの勧告などは衛生委員会*に報告・対応しなければならない。
＊50人以上の従業員のいる職場で設けられる、従業員の健康管理について話し合う組織。

特集 進む「業務の電子化」に注目！

進む「業務の電子化」に注目！

主に大企業を対象として、行政手続きや税務申告などの義務化が進んでいます。この流れはいずれ中小企業にも及ぶでしょう。業務の効率化やコスト削減にもつながる一方、仕事の進め方などが大きく変わることになるので要注意です。

1 社会保険手続きの一部について電子申請が大企業で義務となった

資本金1億円超の会社は、2020年4月から以下の手続きを電子申請で行うことになった。

【対象手続き】

年金・健康保険
- 健康保険・厚生年金保険 被保険者賞与支払届
- 健康保険・厚生年金保険 被保険者報酬月額算定基礎届（→151ページ）
- 健康保険・厚生年金保険 被保険者報酬月額変更届（→155ページ）

労働保険
- 労働保険概算・確定保険料申告書（→153ページ）
- 雇用保険被保険者資格取得届（→108ページ）
- 雇用保険被保険者資格喪失届（→119ページ）
- 雇用保険被保険者転勤届
- 高年齢雇用継続給付支給申請
- 育児休業給付支給申請

小切手・約束手形が全面電子化される？

紙の小切手・手形は、銀行振り込みの一般化や電子手形の登場により、利用数は減少しています。さらに全国銀行協会では、2026年度をめどに紙の小切手や約束手形を廃止する方針です。こうしたところでも電子化が進んでいます。

2 電子申告（e-Tax）が大企業で義務となった

資本金1億円超の会社は、2020年4月以後に始まる事業年度から、法人税などの申告を電子申告（e-Tax）で行うことになった。

【対象書類】

法人税、地方法人税、消費税、地方消費税の
- ☐ 確定申告書
- ☐ 中間（予定）申告書
- ☐ 修正申告書
- ☐ それぞれ申告書の添付書類

3 年末調整の電子化のしくみが整備された

2020年分からの年末調整手続きは、データを活用できるようになった。

参考 211ページ

【データによる年末調整の手順】

従業員から、保険料控除申告書など＊をデータで取得する

＊従業員は保険会社などから控除証明書等をデータで取得、「年調ソフト」に取り込んで保険料控除申告書などを作成する。

そのデータをもとに年税額を自動計算・保存する

＼注意／

年末調整後の税務署や市区町村への法定調書の提出も、オンラインで行うことができる。なお前々年の法定調書の提出枚数が100枚以上の場合は、e-Taxソフトまたは光ディスク等により提出する。

4 電子帳簿保存、スキャナ保存制度が緩和される

帳簿書類等の電子保存の条件は、2022年から以下のように緩和され、利用しやすくなる。

【緩和ポイント】
- ☐ 税務署の事前承認が不要になる。
- ☐ 一定の簡易な電子帳簿による保存が認められるようになる。
- ☐ スキャナ保存で、書類受領者の自署不要、タイムスタンプ要件の緩和などが行われる。

など

はじめに

　働き方改革から区分経理（インボイス）、業務の電子化など、職場環境は大きく変化しつつあります。会社にはこれまで以上に柔軟でしっかりした足腰が求められるでしょう。

　その会社の足腰に当たるのが、総務、労務、経理という仕事です。これらの仕事が、経営資源である「ヒト」「モノ」「カネ」を支えています。営業のように表舞台に立つわけではないため、必ずしも華やかな仕事ではありませんが、会社の大小にかかわらず、なくてはならない仕事です。これらの部署に配属された人は、まず、自分の仕事が会社にとってどれほど重要か、認識しなければなりません。

　本書では、総務、労務、経理それぞれに、一章ずつ割り振って解説しています。各章の項目については、日々の基本的業務から、月に一度、年に一度といった定期的な業務まで、利用頻度の高いものを選んでいます。主に未経験・仕事を始めたばかりの新人社員に向け、平易な解説を心がけました。また、本書の別冊として、総務・労務・経理のキーワードや資料をまとめています。

　皆さんが、本書により仕事の理解を深め、毎日の仕事に役立てていただければ幸甚です。

2021年5月

アタックスグループ
永井良輔（税理士）
吉崎英利（社会保険労務士）

図解　いちばんやさしく丁寧に書いた　総務・労務・経理の本　もくじ

巻頭カラー

総務・労務・経理の第一歩 1
「**総務**」ってどんな仕事をするんだろう？… 2

総務・労務・経理の第一歩 2
「**労務**」ってどんな仕事をするんだろう？… 4

総務・労務・経理の第一歩 3
「**経理**」ってどんな仕事をするんだろう？… 6

特集

2023年10月スタート！「インボイス制度」に備える………… 9
「働き方改革」知っておきたい10大ポイント …………… 12
進む「業務の電子化」に注目！………………………… 15

はじめに…… 17
総務・労務・経理　1年間の仕事スケジュール一覧… 26

第一章 総務編　会社の仕事環境をばっちり整えよう

総務の仕事のまとめ

【総務の仕事】一般社員の後方支援を行う…… 30
【総務の1年間】突然の仕事に対応できるフットワークを身につける…… 32
【総務の心がまえ】人への対応は丁寧に　書類は細心の注意で…… 34

総務の基本と日常業務

【社内文書】
文書ごとにフォーマットを準備しておこう…… 36

【社外文書】
文書の作成後は、必ず読み直してチェック…… 38

【ビジネスメール】
メールの文面は短くまとめる…… 40

18

【消耗品の管理】
消耗品は一括購入で無駄な出費をなくす……42

【備品の管理】
備品は買わずに「借りる」手もある……44

【社用車の管理】
安全運転を徹底するルールづくりが欠かせない……46

【郵便物の管理】
郵便物の送受信は総務で一括管理する……48

【取引先名簿】
名簿を活用して社内で情報を共有する……50

【文書の管理】
文書の保管・管理は「検索のしやすさ」が第一……52

【契約書の作成】
正しく契約書を交わして後のトラブルを防ぐ……54

● 知っておきたい総務知識① 〈契約〉
お互いを権利と義務で結ぶ「法的」行為……56

【印紙税】
文書のなかには税金がかかるものがある……58

【印章の管理】
押すべきハンコは文書によって異なる……60

【商業登記簿】
商業登記簿を見ればどんな会社かわかる……62

● 知っておきたい総務知識② 〈登記〉
他社と円滑に取引するために「登記」情報を活用する……64

【慶弔の対応】
冠婚葬祭の対応は総務が主導する……66

【葬儀のマナー】
失礼のない葬儀マナーを身につけておく……68

【広報など】
社内の親睦を深め外へは自社をアピール……70

総務の年に一度の仕事

【株主総会】
株主総会の成功は周到な準備にあり……72

● 知っておきたい総務知識③〈会社のしくみ〉
会社でいちばん偉いのは社長か株主か？…… 74

【会社移転など】
会社の引っ越しには届け出が必要になる…… 76

【季節の挨拶】
お中元・お歳暮、年賀状で円滑な関係を築く…… 78

【メンタルヘルスなど】
社員がいつも元気で働ける環境をつくる…… 80

【防災管理】
平常時の備えが非常時にものをいう…… 82

総務の仕事・達成度チェックリスト…… 84

第二章 労務編 社員の手続きとルールをソツなく実践しよう

労務の仕事のまとめ

【労務の仕事】
法令を理解し各種手続きを実行しよう…… 86

【労務の1年間】
給与計算を軸にスケジュールを組み立てる…… 88

【労務の心がまえ】
皆がやる気を出せる職場環境をつくろう…… 90

労務の基本と日常業務

● 知っておきたい労務知識①〈労働基準法〉
労働基準法は労働者を守るための法律…… 92

【就業規則】
自社の「就業規則」はしっかり読み込もう…… 94

【勤怠管理】
労働時間は法律で決まっている…… 96

【休日】
少なくとも週に一度は休日にする…… 98

【時間外労働】
時間外労働は 25%以上の割増賃金を支払う…… 100

● 知っておきたい労務知識② 〈サービス残業と過労死〉
社員の健康を守るためにも労働時間管理は重要…… 102

【年次有給休暇】
使わない有給休暇は 2 年で時効になる…… 104

【新入社員の手続き①】
新入社員の雇用条件は文書にして渡す…… 106

【新入社員の手続き②】
入社の手続きはもれなくすばやく…… 108

【新入社員の手続き③】
被扶養者にするには収入の条件がある…… 110

【パート、アルバイト】
パートの社会保険加入は労働時間次第…… 112

【退職の手続き①】
退職者に年金手帳を返し、保険証は回収する…… 114

【退職の手続き②】
健康保険と厚生年金の資格を喪失させる…… 116

【退職の手続き③】
失業給付のため退職者に離職票を渡す…… 118

● 知っておきたい労務知識③ 〈マイナンバー制度〉
「マイナンバー制度」対応を確認…… 120

● 知っておきたい労務知識④ 〈解雇〉
解雇ルールは明確に定めておく…… 121

【退職金】
退職金の税金手続きは会社が行う…… 122

【定年】
定年退職の年齢は引き上げられつつある…… 124

● 知っておきたい労務知識⑤ 〈失業給付〉
失業者の再就職を支援し、当面の生活を助ける…… 126

● 知っておきたい労務知識⑥〈健康保険の給付〉
健康保険で受けられる給付を知っておこう…… 128

【育児・介護休業給付】
育児や介護の休業には公的なフォローがある…… 130

● 知っておきたい労務知識⑦〈社会保険〉
国民の病気や老後のために国が行う「公的保険」…… 132

【労災の給付申請】
仕事上の病気やケガは労災の給付を受けられる…… 134

● 知っておきたい労務知識⑧〈労災保険〉
労災の適用は「仕事に関係あるか？」がカギ …… 136

【社会保険手続き】
社員に関する手続きを整理しておこう…… 138

労務の毎月の仕事

【給与計算】
１円のミスも NG　手順を整理しておこう…… 140

【社会保険料】
40 歳以上の社員は介護保険の負担あり…… 142

【労働保険料】
労災の保険料は会社負担となる…… 144

【源泉徴収】
給与から税金を天引きし、翌月 10 日までに納める…… 146

【住民税の特別徴収】
住民税は、前年の所得分を納める…… 148

労務の年に一度の仕事

【社会保険の定時決定】
社会保険料は年に一度見直しする…… 150

【労働保険の年度更新】
労働保険の申告・納付は６月１日〜７月 10 日…… 152

【給与改定】
給与は、年に一度見直される…… 154

【賞与の計算】
賞与にも税金や社会保険料がかかる…… 156

【募集】
適切な人材を適切な方法で見出す…… 158

【就業規則の変更】
会社のルール変更は手続きが必要になる…… 160

労務の仕事・達成度チェックリスト…… 162

第三章 経理編 会社のお金の流れをしっかり把握しよう

経理の仕事のまとめ

【経理の仕事】
会社の「もうけ」に直結　正確さが欠かせない…… 164

【経理の1年間】
税金を納める時期をしっかりつかもう…… 166

【経理の心がまえ】
会社全体の利益を常に念頭に置いて…… 168

経理の基本と日常業務

【出納業務】
毎日のお金の出入りを管理して記録していく…… 170

【伝票の処理】
経理の第一歩は3つの伝票…… 172

【請求の流れ】
請求書は締め日ごとに出す…… 174

【支払いの流れ】
期日通りの支払いが信頼関係の基礎となる…… 176

【経理の書類整理】
書類は、未処理／処理済みをはっきり分けよう…… 178

【複式簿記と帳簿】
毎日の伝票、帳簿は複式簿記でつくられる…… 180

●知っておきたい経理知識① 〈複式簿記のルール〉
複式簿記の第一歩は取引を「貸方」「借方」に分けること…… 182

【会計ソフト】
パソコンの利点を帳簿作成に生かす…… 184

【帳簿の種類①】
会社に必要な帳簿は1種類だけではない…… 186

【帳簿の種類②】
帳簿の入力はこまめに、正確に…… 188

●知っておきたい経理知識② 〈勘定科目〉
すべての取引は勘定科目で区分する…… 190

【交通費】
精算書を活用して省力化をはかる…… 192

【交際費】
交際費は、他の経費と明確に区別する…… 194

【経費の範囲】
経費がわかれば無駄をなくせる…… 196

【小切手】
額面の金額を銀行から受け取ることができる…… 198

【手形】
手形を受け取ったらまず支払期日を確認…… 200

経理の毎月の仕事

【月次試算表の作成】
月に一度は業績チェック！　精度の高い経営管理を…… 202

【債権の管理】
売掛金の回収状況には常に目を光らせる…… 204

経理の年に一度の仕事

【年末調整①】
年末調整により税金の過不足を調整する…… 206

【年末調整②】
社員の申告書提出は期日厳守を周知する…… 208

●知っておきたい経理知識③ 〈年末調整の電子化〉
年末調整が簡単・便利になる？…… 211

【源泉徴収票、支払調書】
1年間の給与をまとめて社員や市区町村へ…… 212

●知っておきたい経理知識④〈決算の流れ〉
今年1年間の事業活動の成果をまとめる…… 214

【決算調整】
決算のときだけ行う特別な作業がある…… 216

【棚卸と売上原価】
在庫は、実際に数えて正しい数量を確認する…… 218

●知っておきたい経理知識⑤〈固定資産と減価償却〉
固定資産は1つの帳簿で一括管理をする…… 220

【減価償却】
長期間使う資産は毎年少しずつ費用にする…… 222

【引当金】
翌期以降の損失などにあらかじめ備える…… 224

【繰延資産】
将来に効果のおよぶ出費は分割して費用にできる…… 226

【経過勘定】
当期に入れるお金、入れないお金を区分する…… 228

【決算書（損益計算書）】
損益計算書で1年間の「もうけ」がわかる…… 230

【決算書（貸借対照表）】
貸借対照表で会社の経営状態がわかる…… 232

【法人税の申告・納付】
決算日から2か月以内に税金を納める…… 234

【地方税の申告・納付】
会社が納める地方税には大きく2つの種類がある…… 236

【消費税のしくみ】
売上高1000万円が消費税課税の分かれ目…… 238

【消費税の申告・納付】
売上高が5000万円以下なら簡単な計算方法を採用できる…… 240

経理の仕事・達成度
チェックリスト…… 242

さくいん…… 243

別冊　これだけは知っておきたい
総務・労務・経理のキーワード68
＋お役立ち資料集

本書は、原則として2021年5月現在の情報に基づき編集しています。

総務・労務・経理

1年間の仕事スケジュール 一覧

総務、労務、経理で、1年間に行う仕事をまとめました。いつどんな業務があり、どんな重なり方をするのか、チェックしてみましょう（3月決算の会社の場合）。

4月 / 5月 / 6月 / 7月

総務の仕事

4月
- 入社式の実施
- 定期健康診断の実施

5月
- 株主総会の準備
- 株主総会の開催*

6月
（※ノートパソコンのイラスト）

7月
- お中元の手配・発送
- 暑中見舞いの発送

労務の仕事

4月
- 新入社員研修
- 組織変更などに伴う事務
- 給与の計算、支払い事務

5月
- 給与の計算、支払い事務

6月
- 採用選考
- 給与の計算、支払い事務
- 労働保険の年度更新
- 賞与の計算

7月
- 社会保険の定時決定
- 賞与の支給
- 給与の計算、支払い事務
- 労働保険の第一期納付

経理の仕事

4月
- 決算作業
- 月次試算表作成

5月
- 月次試算表作成

6月
- 法人税などの申告・納付
- 事業所税の納付
- 自動車税の納付
- 月次試算表作成

7月
- 月次試算表作成

＊6月以降開催の場合もあり。

26

下の仕事のほか、総務なら、社内外の文書のやりとりや消耗品・備品、郵便物の管理。労務なら、社員の勤怠管理や入退社事務。経理なら、帳簿の入力や経費の処理など、日々行う仕事もある！

8月 / 9月 / 10月 / 11月

8月
- 給与の計算、支払い事務
- 月次試算表作成

9月
- 給与の計算、支払い事務
- 中間決算作業
- 月次試算表作成

10月
- 防災訓練
- 労働保険の第二期納付
- 給与の計算、支払い事務
- 中間決算作業
- 月次試算表作成

11月
- お歳暮の手配・発送
- 給与の計算、支払い事務
- 賞与の計算
- 中間申告・納付 法人税などの
- 月次試算表作成

次ページへ続く

27

ずいぶんいろいろな仕事があるんだ。

計画的にこなさないと、たいへんね！

12月
- 忘年会の準備・開催
- 年賀状の発送
- 給与の計算、支払い事務
- 賞与の支給
- 年末調整事務
- 月次試算表作成

1月
- 新年会の準備・開催
- 年始まわり
- 給与の計算、支払い事務
- 労働保険の第三期納付
- 源泉徴収票の交付
- 給与支払報告書の提出
- 支払調書の提出
- 月次試算表作成

2月
- 社員研修の実施
- 給与の計算、支払い事務
- 人事評価の準備
- 教育計画の策定
- 月次試算表作成

3月
- 新入社員の受け入れ準備
- 定期採用の募集開始
- 給与の計算、支払い事務
- 就業規則などの見直し
- 新入社員の入社準備
- 労使協定の更新、届け出
- 給与改定の計算
- 決算作業
- 月次試算表作成

1

総務編

会社の仕事環境をばっちり整えよう

項目	ページ	項目	ページ
総務の仕事のまとめ	30 〜 35	印章の管理	60
社内文書	36	商業登記簿	62
社外文書	38	登記	64
ビジネスメール	40	慶弔の対応	66
消耗品の管理	42	葬儀のマナー	68
備品の管理	44	広報など	70
社用車の管理	46	株主総会	72
郵便物の管理	48	会社のしくみ	74
取引先名簿	50	会社移転など	76
文書の管理	52	季節の挨拶	78
契約書の作成	54	メンタルヘルスなど	80
契約	56	防災管理	82
印紙税	58		

総務編 - 総務の仕事のまとめ

一般社員の後方支援を行う

- 総務の仕事内容は、経営にかかわるものから設備にかかわるものまで、多岐にわたる。
- 中心になるのは会社の「モノ」にかかわる仕事。

経営者や一般社員が、仕事に集中できる環境をつくる

　総務の仕事は、社内外の文書や印章を管理したり、会社の行事などを取りしきる「経営」にかかわるもの、会社の備品や消耗品の購入・管理などを行う「設備」にかかわるものまで、多岐にわたります。

　直接会社の利益に結びつくわけではありませんが、経営者や一般社員が、それぞれの仕事に集中するために欠かせない仕事です。こうした業務を一括して総務が請け負うことによって、時間的にも金銭的にも無駄を省けるメリットもあります。

　総務はまさに「縁の下の力持ち」であり、表に出る部門を裏でたばねる総合力が求められるのです。

　会社の規模や方針によって、庶務、労務、人事、経理、秘書などに細分化されていることもあります。本書では、会社の業務を「ヒト・モノ・カネ」に分け、総務は主に「モノ」を管理する部門として扱います。

社内コミュニケーションなど目に見ない貢献も

　忘年会や社員旅行、社内報の発行など、**社内の円滑なコミュニケーションの場づくりも総務の役割の1つです**。

　総務は会社の運営にかかわるすべてが集中してくる部署です。また、さまざまな仕事が持ち込まれるため、幅広い知識やスキルが求められます。そのなかから「この情報はあの部署と共有すればもっと広がるのでは」「そろそろ全社的なイベントが必要なのでは」などと、提案できるのもこの仕事の醍醐味です。

> **ひとくち MEMO** 　**総務は「秘書」であることも**　小さな会社などでは、経営者のスケジュール管理などもこなさなければならない。経営に関する助言などを求められることもある。

総務ってどんな仕事？

> **総務とは** ▶ 経営者や一般社員が仕事に集中できるようサポートする、縁の下の力持ち。

経営にかかわる仕事

- 社内文書を作成・管理する。
- 社外文書を作成・管理する。
- 契約書を作成・管理する。
- 印章（印鑑）を管理する。
- 社内、取引先の慶弔(けいちょう)に対応する。
- 会社の行事やイベントを運営する。
- 株主総会を運営する。

設備にかかわる仕事

- 郵便物や印刷物を管理する。
- 消耗品や備品を購入・管理する。
- OA機器などの設備を購入・管理する。
- 社内の防災・防犯体制を整える。

第一章 総務編 会社の仕事環境をばっちり整えよう

総務の仕事のまとめ

総務の1年間

総務編 - 総務の仕事のまとめ

突然の仕事に対応できるフットワークを身につける

ポイント&ナビ

- 「毎日行う仕事」「年に一度、数回の仕事」を区別して、仕事を集中させない計画を立てる。
- 突然持ち込まれる仕事への対応も織り込んでおく。

総務の1年間の仕事・一覧表（例）

月ごと、年ごとの業務

	4月	5月	6月	7月	8月
	定期健康診断の実施 入社式の実施	株主総会の開催* 株主総会の準備		お中元の手配・発送 暑中見舞いの発送	

日常の業務

- 社内、社外との文書のやりとり、管理
- 社用車の管理
- 郵便物の管理
- 消耗品、備品の管理
- 名簿やリストの作成
- 社員旅行など、各種イベントの企画・運営

＊6月以降開催の場合もあり。

郵便物の管理は毎日の仕事、株主総会やお中元、お歳暮の手配などは、年に一度、必ず発生する仕事です。さまざまな社内・社外文書の作成などは、日々発生します。その他、総務には、各方面から突発的な仕事が持ち込まれます。あわてず仕事をこなすには、**日ごろから会社全体の動きをよく観察して、仕事の流れを押さえておく**必要があります。

個々の仕事の、会社全体のなかでの位置づけが理解できれば、次にすべき仕事も見え、先手を打ち、集中を事前に避けることもできます。突発的な事態にも、優先順位の調整がしやすいでしょう。労務や経理の仕事も兼務する場合は、より広範囲な仕事の理解が必要です。

第一章 総務編　会社の仕事環境をばっちり整えよう

9月	10月	11月	12月	1月	2月	3月
	防災訓練	お歳暮の手配・発送	忘年会の準備・開催　年賀状の発送	新年会の準備・開催　年始まわり	社員研修の実施	新入社員の受け入れ準備

社内、社外の慶弔への対応

社内、社外への広報活動

防災、防犯体制の管理

必要に応じて、日々対応する。毎月の業務と重なる時期に注意しよう。

総務の仕事のまとめ

総務の心がまえ

総務編 - 総務の仕事のまとめ

人への対応は丁寧に 書類は細心の注意で

- 正しいマナーや言葉遣いの習得は必須。
- メモ用紙1枚にも気を配り、情報の取り扱いには注意を払う。

総務の対応が、会社の印象を決定づけることも

　総務の仕事は多岐にわたるため、官公庁や自治体、各種団体、地域社会、株主、マスコミ、顧客など、さまざまな社外の人と接する機会も多くなります。来社した人が最初に接するのは、受付を置いていない会社なら総務が応対します。関係先のイベントや冠婚葬祭に、会社の代表として出席することもあります。つまり、外部の人に対して、**総務の印象がその会社の印象となり得る**のです。総務は、その会社の「顔」といえます。

　日ごろの言動、立ち居振る舞いには、注意が必要です。正しい挨拶から始まり、来客への気持ちのよい対応や、電話の話し方のマナーまで、確実に身につけておきたいものです。場合によっては、最初の総務の対応のよしあしが、その後の商談に影響することもあります。

情報が集中する部署。普段の会話にも要注意

　総務には、会社のありとあらゆる情報が集まります。情報は会社の生命線になることもあります。当然ながら、情報管理の徹底が求められます。

　メモ書き1枚、コピー1枚も、無神経に扱うことは許されません。ランチタイムでの同僚との会話や、アフターファイブでの社外の友人らとの歓談でも、会社の内部情報を軽々しく口にしてはいけません。また、フェイスブックやツイッターへの安易な書き込みにも十分注意が必要です。

　一方で、多くの情報を持っているのですから、**営業上有用と思われる情報は、積極的に社内の関係部署と共有しましょう**。

> **ひとくちMEMO　クレームにも対応する**　顧客や地域住民などからのクレームは、まず総務で対応することになる。関係部署と連携しながら、慎重な対処が必要となる仕事だ。

総務の仕事　心がまえ4か条

1 会社の顔としての自覚を持つ

総務担当者は、会社に関係する数多くの人とかかわります。いわば「会社の顔」です。そのやりとりの1つひとつが、会社の印象にもつながります。常に誠実に行動し、その振る舞いには注意が必要です。

2 メモ1枚でも大切に扱う

総務には会社の内外から、日々重要書類や個人情報が集まります。簡単なメモでも雑に扱わず、きちんと管理しなければなりません。

3 口の軽さは災いのもと

総務という仕事は、経営者に近いところで仕事を行います。そのため、重要な情報にふれることも多いでしょう。おしゃべりが過ぎると、会社全体の利益を損なうこともあり得ます。仕事上見聞した情報は、うかつに話してはいけません。

4 マナーの達人になろう

1と関連しますが、毎日、さまざまな人と接する機会が多い仕事です。挨拶や話し方（正しい敬語）など、対人関係のマナーは、しっかり身につけておく必要があります。

第一章　総務編　会社の仕事環境をばっちり整えよう

総務の仕事のまとめ

社内文書

総務編 - 総務の基本と日常業務

文書ごとにフォーマットを準備しておこう

- 文書作成は、毎日のように発生する基本業務。
- 「簡潔に」「わかりやすく」書くことが鉄則。
- 社内の行き違い防止に文書化は大切。

　ビジネスでは、社内へ向けたもの、社外へ向けたものなど、日々さまざまな文書をつくる必要があります。ここでは社内文書について解説します。社内文書は、おおまかに以下のようなものがあります。

①**届出文書**…休暇や欠勤を届ける勤怠届、家族や住所の変更届など。社員に記入を求める文書です。

②**通達文書**…会社の経営方針や決定事項を伝える社内通達（通知）、異動や転勤などを社員に伝える辞令、打ち合わせや行事の開催日を社員に知らせる案内文書や業務連絡など。連絡事項が、必要な社員に間違いなく伝わることが必要です。

③**記録文書**…会議や打ち合わせの内容を記録しておく議事録、業務の進捗状況や結果を社員から上司へ伝える日報や報告書、上司などに承認を求めるための稟議書、アイデア・企画を文書化した企画書など。

　いずれの文書も、記入すべき項目をある程度定型化し、後にファイリングしやすい、会社としてのフォーマットを準備しておきましょう。

1文書1用件など、ルールを徹底する

　社内文書では、「1文書1用件」「過剰な挨拶や敬語は省く」など、簡潔にすることが第一です。また、**内容がすぐに正しく伝わるよう「わかりやすさ」を心がけなければなりません**。文章で流すより箇条書きに、要点がひと目でわかる見出しをつける、などです。

　人数が少ない会社などでは、連絡事項を「口頭連絡で大丈夫」と思いがちですが、情報管理や行き違いを防ぐためにも「文書化」は大切です。

> **ひとくちMEMO　文書の必要要素**　「いつ（期日、期限）」「どこで（場所）」「誰が・誰に」「何を（文書の目的）」「どうする・どうした」という要素が、1つでも抜けていないか意識しよう。

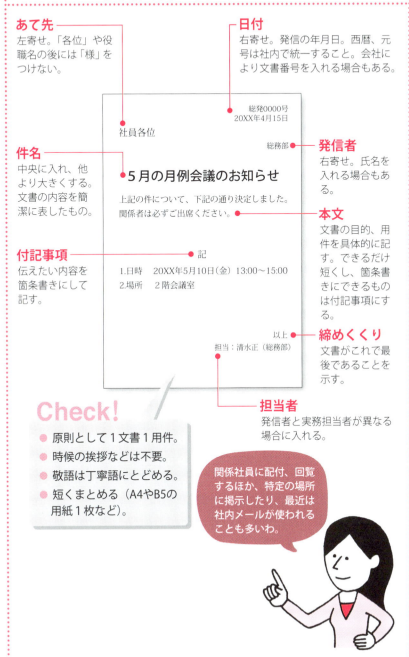

総務編 - 総務の基本と日常業務

文書の作成後は、必ず読み直してチェック

- 会社を代表して発信する文書と心得る。
- 読む相手のことを考えて丁寧に作成し、必ず読み返す。
- 頭語や結語、挨拶の言葉をマスターする。

　顧客や取引先に対して発信するのが社外文書です。目的により、大きく次のように分けることができます。それぞれ、基本フォーマットを用意しておきましょう。

①**挨拶状、通知状**…新社長就任の挨拶、事務所移転の通知など。
②**招待状、案内状**…式典や行事への招待、出版物の案内など。
③**依頼状**…見積もりや講演の依頼など。
④**照会状、回答状**…取引内容の問い合わせ、問い合わせへの回答など。
⑤**請求状、督促状**…売掛金の請求や支払いの督促など。
⑥**詫び状、釈明状**…ミスや問題へのお詫び、クレームへの釈明など。
⑦**承諾状、断り状**…注文に対する承諾、要望に対する断りなど。

わかりにくい文書は、やりとりの障害となる

　社外文書は、会社を代表して発信するものです。**言葉遣いや様式に細心の注意を払い、読む側に立って考え、簡潔・明瞭を心がけます**。必要以上の長文、誤字・脱字、おかしな言葉遣いなどは、文書に対する信頼性がゆらぎかねません。

　作成後は必ず読み返してもれや間違いがないかどうか、読む相手に内容が伝わるかどうか、確認する習慣をつけましょう。これまでの文書の控えなどを応用して、幅広い事態に対応できる文書作成能力を身につけたいものです。

コラム　使えるパターンをたくさん知っておこう

頭語－結語の例

拝啓－敬具	最も一般的に使う
謹啓－敬白	より丁寧にしたいときに
前略－草々	前文を略すときに
拝復－敬具	返信の場合

時候の挨拶例（〜の候と続ける）

1月	新春、厳寒	5月	新緑、薫風	9月	初秋、新秋
2月	晩冬、余寒	6月	初夏、梅雨	10月	錦秋、紅葉
3月	早春、春分	7月	盛夏、猛暑	11月	晩秋、向寒
4月	陽春、春暖	8月	晩夏、残暑	12月	師走、寒冷

社外文書の例（案内状）

あて先
左寄せ。相手の会社名、役職名、氏名。いずれも略さずに書くこと。（株）や「吉永部長様」などは×。

文書番号
社内での照合や整理のための番号。一般に、発信部署の略称と通し番号の組み合わせ。

件名
中央に入れ、他より大きくする。文書の内容を簡潔に表したもの。

○○株式会社
営業部長　吉永　保様

　　　　　　　　　総発211号
　　　　　　　　　20XX年6月20日

　　　　　　　　△△株式会社
　　　　代表取締役社長　山田一朗

新製品展示会のご案内

拝啓　初夏の候、貴社ますますご清祥のこととお慶び申し上げます。平素は格別のご厚誼を賜り、厚くお礼申し上げます。
さて、この度、新製品○○○の発売決定に先立ち、日頃、お世話になっている方々に、製品ご紹介の機会をつくらせていただきました。
是非ともご出席を賜りますようお願い申し上げます。
まずはご案内まで。　　　　　　　　　　敬具

　　　　　　　　記

1.日時　20XX年7月10日（木）AM10:00～
2.場所　新宿××ビル15階○○スクエア
　　　　新宿区西新宿○-×　03-3XXX-XXXX

　　　　　　　　　　　　　　　　以上

日付
右寄せ。発信の年月日。西暦、元号は社内で統一すること。

発信者
右寄せ。発信者の所属部署、役職、氏名を入れる。会社印を押す場合もある。

付記事項
伝えたい内容を箇条書きにして記す。

締めくくり
文書がこれで最後であることを示す。

本文
- **頭語**　拝啓、前略など。文書の内容や相手に応じて選ぶ。
- **前文**　時候や安否、感謝の挨拶。
- **主文**　表題の内容を具体的に記す。できるだけ短くし、箇条書きにできるものは別記にする。
- **末文**　本文を締めくくる。「まずは～」「取り急ぎ～」など。内容により表現を使い分ける。
- **結語**　敬具、草々など。頭語と対になったものを使う。

第一章　総務編　会社の仕事環境をばっちり整えよう

総務の基本と日常業務

安否の挨拶例
貴社／皆様 ますます ご発展／ご繁栄／ご健勝 のことと／の由、お慶び申し上げます

感謝の挨拶例
日ごろ／ひとかたならぬ ご高配／ご支援／お引き立て をいただき、誠にありがとうございます

末文の挨拶例
御礼かたがたご案内申し上げます（案内）

まずはご通知申し上げます（通知）

今後ともお引き立てのほどお願い申し上げます（お願い）

あしからずご了承ください（断り）

総務編 - 総務の基本と日常業務

メールの文面は短くまとめる

- ビジネスメールのマナーを知っておこう。
- メールを送る前には必ず見直しをする。
- 返信は早めに行う。

プライベートのメールとは区別する

電子メールは、もはやビジネスに欠かすことのできないツールです。送る時間を選ばない、必要な資料（画像や音声も）を添付することができるなど、多くの利点があります。

ただし、ビジネスメールでは、プライベートとは異なる使い方が必要となります。表現がくだけすぎてしまったり、絵文字を使用したりするのは、避けなければなりません。右ページを参考に、ビジネスメールのマナーや作法を身につけて活用しましょう。

アドレス帳やコピー機能を利用すれば、入力の手間を省いたり、入力ミスを防ぐことができます。ただし、似たアドレスを間違ってコピーしてしまったり、貼りつける内容を誤ったりすることもあります。**送信前に、相手先のアドレス、件名、本文、添付資料のタイトル**など、**すべて見直す**ことは、紙の文書と同じです。

同送者を知られたくない場合は「BCC」に

電子メールでは、「CC（カーボン・コピー）」の欄にアドレスを入力することで、同じ内容を、一度に複数の相手に送ることができます。このとき、それぞれの送り先に、ほかの誰に送ったのかがわかるようになっています。同送する人を知られたくない場合は、アドレスを「BCC（ブラインド・カーボン・コピー）」の欄に入力すれば、送り先のリストは表示されません。

なお、情報もれを防ぐため、メールでは**パスワードや口座番号**などを、**文面に入力しない**ようにします。

 返信が遅いのはよくない。返信が来ないと、相手はメールが読まれたかどうか不安になる。回答に日数がかかる場合などは、取り急ぎ到着を知らせるメールを出しておくとよい。

電子メールによるビジネス文書の例

```
宛先：
Cc：
Bcc：
件名：第1回の打ち合わせ日程確認のお願い
```

件名は、ひと目で用件がわかるものに。急ぐ内容なら「至急」などと入れることもある。

株式会社○○　村田様

お世話になっております。
△△株式会社総務部の近藤です。

最初に相手の社名や所属、氏名を入れる。次に自分が誰であるか名乗る。

頭語、結語、時候の挨拶などは省略する。

先日ご連絡さしあげました■■の件、
以下の日程で、第1回の打ち合わせをお願いできればと存じます。

1　日時　10月14日（水）13:30〜
2　場所　弊社会議室

1行の文字が長いと読みづらいため、30字前後で適宜改行をとる。内容の区切りでは1行あけるのもよい。

よろしくお願いいたします。

△△株式会社
総務部　近藤明
〒151-0000
東京都渋谷区千駄ヶ谷○-○
TEL 03-3XXX-XXXX　FAX 03-3XXX-XXXX

そのパソコンの機種でしか使えない文字は、文字化けすることもあるため、使わないようにする（例・①②など丸数字、ⅠⅡなどローマ数字、㈱など省略文字、㎝など単位語）。

文末には、あらためて発信者の署名を入れる。メールソフトの署名機能で作成する。

Check!　メール3つの注意ポイント

1. 短くまとめる。
2. こまめに返信する。
3. 個人情報は送らない。

総務 Q&A

Q ツイッターやライン、フェイスブックなどSNSのビジネスでの注意点は？

A こうしたツールの利用時に特に注意したいのは個人情報の扱い。書き込みやつぶやきは気軽に行いがちですが、さまざまな立場の、数多くの人が見ています。特定の個人や会社の話題には、十分注意を払う必要があります。

総務編 - 総務の基本と日常業務

消耗品は一括購入で無駄な出費をなくす

- 単価が安いものでも、積もれば馬鹿にならない。常にコスト意識を持とう。
- 使用ルールを設け、社員に徹底しよう。

総務が主導できる「コスト削減」ポイント

　仕事を行うためには、机や椅子（什器）、電話やFAX、コピー機、パソコン（備品）、文房具やコピー用紙、帳票類（消耗品）など、さまざまなものが必要です。

　特に消耗品は、個々の単価が安いため、管理していなければ「買い放題、使い放題」になりがちです。積み重なると、無視できない金額にもなります。**コスト意識をしっかり持って、不便のない範囲で、より安く補充、管理する**ようにしたいものです。

　総務が会社全体のコスト削減に貢献できる、貴重な仕事の1つです。

安く買って、上手に使おう

　消耗品購入を安くあげるには、まとめ買い（一括購入）を利用する方法があります。事務用品の宅配会社も増えており、より安い業者を選べるようになっています。ただし、「安かろう悪かろう」とならないように、商品の品質や購入後のフォローの体制なども、よくチェックして総合的に判断します。

　購入後は、在庫を切らさないよう、逆にだぶつかないよう、こまめに数量を確認します。品目ごとに、「何個になったら、何個購入」といったルールをつくるのもよいでしょう。使用頻度の低いものはまとめ買いで在庫を持つより、必要なときに必要なだけ買うのも1つの方法です。

　また、総務が消耗品管理に気を配っても、ほかの社員が使い放題では意味がありません。「ボールペンは替えインクを使う」「糊は詰め替えを使う」など、**コスト削減の具体例を全社員に呼びかけ、使用ルールを徹底しましょう。**

ひとくちMEMO　業者情報は常にチェック　事務用品の業者は固定化しがちだが、インターネットやカタログの取り寄せなどで、常に他社情報も仕入れて、よりよい業者選びを怠らないようにしよう。

消耗品管理のポイント

社員
持ち出すときは、持ち出しシートに、日付、品名、数量、氏名などを記入する。使い切ってから持ち出すなどルールを徹底して、無駄遣いをなくす。

業者
扱う商品の種類の多さや納品までのスピードなどを比べて決める。

消耗品の購入
- 「必要なものを必要なだけ」を心がける。オフィス用品を扱う業者にまとめて発注すると、数量の管理がしやすく、金額も安くすむ。
- 前回同様ではなく、その消耗品が必要かどうか、数や種類は適切か検討する。

持ち出しシート

保管
常に、総務が適切な数量を管理・維持する。持ち出しには「持ち出しシート」をつくっておくとよい。在庫の増減の把握に役立ち、無駄な持ち出しの抑制にもつながる。

Check!
消耗品管理のポイントは2つ
1. 無駄遣いをなくす。
2. 品切れさせない。

第一章 総務編　会社の仕事環境をばっちり整えよう

総務の基本と日常業務

総務編 - 総務の基本と日常業務

備品は買わずに「借りる」手もある

- 使用頻度や資産管理の面などから、最適で有利な形を選ぶ。
- メンテナンス費用にも注意を払う。

　パソコンやコピー機（複合機）などの**高額な備品は、導入した後の維持・管理にも、手間やコストがかかります**。また、**業務内容によって各備品の使用頻度や使用の位置づけが変わってきます**。たとえばコピー機の場合、「モノクロコピーができればよい」会社もあれば、「カラーが必要で、色が正確に出ないと困る」という会社もあるでしょう。こうした各社独自の必要性にコストをすり合わせて、購入がよいのか、リースか、あるいはレンタルがよいのかを検討します。

リースは安く導入できるが、中途解約ができない

　コピー機など、お金のかかる大型の備品はリースが主流です。リースのいちばんのメリットは、導入時の負担額が少ないことです。3～7年といった中長期リースが多く、契約延長や契約終了後に、買い取りができるケースもあります。**購入した場合には、その代金を一度に経費として処理できず、資産として計上したうえで、耐用年数に応じて年ごとに減価償却費（→222ページ）として帳簿処理する必要があります。**

　一方、年々新型機種・機能が登場するパソコンなどの備品は、リースのように契約が中途解約できないしくみは不向きな面もあります。

購入、リース、レンタルの違い

購入	リース	レンタル
購入時の一括払い、または分割払い。その後は自社所有となる。	一般に3～7年程度の契約で、毎月リース料を支払って使用する。	利用時にレンタル料を支払い使用する。1日、週単位など短期が多い。

購入、リース、レンタルのメリットとデメリット

	メリット	デメリット
購入	買い換えや改良が自由にできる。減価償却によって毎年一定額が費用計上される（→220ページ）。	購入時に、大きな金額が必要になる。
リース	当初の資金負担が小さくすむ。保守契約があれば、メンテナンス費用がかからない。	中途解約すると、違約金が発生することがある。
レンタル	購入より安くすむ（リースよりは高くなる）。一時的に使用する備品に向く。中途解約ができる。	長期間使用する備品の場合は、割高になる。

よく考えて最適な方法を選ばないと！

Check!
どの方法が最も得かは、その備品の使い方でも違ってくる。

+αコラム 名刺や社名入り封筒は、無駄のない発注が重要

社名入り封筒や名刺のほか、専用の見積書や納品書、請求書、領収書、カレンダー、パンフレットなどをつくることもあるでしょう。発注時には、印刷会社などから複数の見積もりをとって、値段と質を比べて業者を選びます。

また、封筒や名刺などは使用頻度を定期的にチェックして、余分な在庫をつくらないよう、必要に応じて発注しましょう。社員には、どの印刷物も「社用」であり、無駄な使用をしないことを周知します。

第一章 総務編　会社の仕事環境をばっちり整えよう

総務の基本と日常業務

総務編 - 総務の基本と日常業務

安全運転を徹底する
ルールづくりが欠かせない

- 使用ルールを決め、車両管理台帳を作成し、使用者の管理も徹底する。
- 社員には安全運転の指導を行う。

自動車の所有には、大きなリスクも伴う

　社用車には、営業活動に使う営業車、荷物や商品を運搬するトラックやワゴン車、役員の送迎や移動に使う乗用車などがあります。使用目的はさまざまですが、所有者が会社である限り、整備や定期点検、自動車税種別割の納付、自動車保険の保険料の支払い、駐車場の確保や管理、そして運転者への安全指導や万一のときの事故対応なども会社の責任で行います。

　所有にかかわる経費や事故対応の面から、社用車にリスクがあることは間違いなく、「便利だから」「対外的なステータスになる」などの安易な理由で、社用車を増やすことは避けるべきです。

　また、**適切な管理を行うことで、こうしたリスクを減らす必要があります。**

交通法規遵守のための社内教育が必須

　社用車の管理は、**管理部署、管理者を明確にしたうえで、誰が運転してよいのか、使用するときの手続き、事故など緊急時にはどう対応するのか、といった使用ルールを「社用車管理規程」として明文化します。**さらに車両ごとに「**車両管理台帳**」をつくって個別に管理します。

　運転者の管理も重要です。社内教育によって交通法規の遵守を徹底させ、健康診断や日々の勤務状況から、定期的に運転の適否をチェックします。

　社用車の使用日時や行先、使用目的などは記録として残し、実際の走行距離との照合も行います。ガソリンスタンドからの請求書は総務で一括管理して、やはり運行記録と照合することが大切です。

 自動車を保有すると自賠責保険に加入するが、補償の範囲を考えるとこれでは不十分。会社が事故の責任を負うことになる以上、補償範囲の広い任意保険に加入したほうがよい。

社用車の管理は台帳で行う

車両を管理する

車両管理台帳
車両ごとに作成する
- 購入年月日、車種、型式、購入先など、基本データを明記する。
- 車検有効期限、修理、事故の履歴など、車両の状態を明記する。
- 自賠責保険、任意保険の内容を明記する。
- 管理責任部署、使用部署を明記する。
- 1か月、6か月、1年ごとに定期的に点検し、その履歴を記入する。

使用者を管理する

使用者シート
使用時に使用者に記入させる
- 使用月日や行先、走行距離などの記入を徹底する。

社用車管理規程
社用車使用のルールをまとめ、周知する
- 会社の義務と責任、運転者の義務と責任を明確にする。
- 運転者の遵守事項を明記する。
- 事故や違反などがあったときの対応を明記する。

第一章 総務編 会社の仕事環境をばっちり整えよう

総務の基本と日常業務

総務 Q&A

Q 仕事でマイカー使用を認めるときの注意点は

A どんな業務に認めるのか、通勤も含めるのか、どんな運転者に認めるのかなど、使用のルールを明文化しておくことが必要。条件外での使用による事故で会社が責任を問われないよう、線引きをはっきりさせておきましょう。

総務編 - 総務の基本と日常業務

郵便物の送受信は総務で一括管理する

- 郵便物は総務で一括管理する。
- 「送った日と送付先」「受け取った日と送り主」を記録に残す。

郵便物は記録を残してから各部署へ

　郵便物や宅配便の送受信は、すべて総務で一括管理して行うしくみにしておくと、**安心でコスト削減にもつながります**。社員が個々に送受信していると、「送ったはず」「いや、受け取っていない」といったトラブルに、会社として十分な対処ができません。また、会社として日本郵便や宅配業者と契約すれば、割安な法人サービスを利用できるメリットもあるのです。

　郵便物の送受信の管理は、送信受信別に、差出人、受取人、日付、内容などを、ノートに記入したり、パソコンで入力したりして、すべて記録を残します。宅配便の送受信も、伝票の控えに利用した社員の名前をつけて管理します。

　こうしたチェックの後、郵便物や宅配便を社員に配ります。あて名が「御中」の場合は総務で開封して対処します。**あきらかに不要と思われるダイレクトメールは、上司の確認をとってから処分します。**

ケースに応じてサービスを使い分ける

　「確実」に届けたい場合、配達時間を指定して、相手に手渡しでき、伝票も残る宅配便が便利です。郵便なら「配達日指定」「速達」「書留（一般書留、簡易書留）」などを利用します。開封者を受取人に限定するなら、「親展」と表書きを。

　近隣への急ぎの用には、バイク便や自転車便、遠方の場合は航空便もありますが、割高になります。

　郵便や宅配便のサービスは、新しいものも登場してくるので、情報をチェックして使い勝手のよいサービスを選びましょう。

ひとくちMEMO　簡易書留　一般書留より料金は安いが、万一の賠償額は最高5万円となる。また、配達の記録は引受時と配達時の2回（一般書留は途中の配達過程も記録される）。

郵便物はマニュアルにしたがい迅速に処理する

受け取ったとき

会社あての郵便物は、まず総務が受け取る。

→ 部署ごとに仕分けをする。受信簿をつくり、日付、差出人、受取人などをつけておく。

「(会社名)御中」なら
→ 開封して内容を確認後、担当部署へ。DMなど不要と思われるものは、上司に確認後破棄。

書留、親展、個人あてなど
→ 開封せずそれぞれの人へ届ける。

Check! 仕分け後は、できる限りすみやかに各人の手元へ届ける。

発送するとき

- 数量、料金、緊急度、重要度などから、適切な方法を選ぶ。書留や速達などの違いはもちろん、新サービスにも日ごろから注意を払っておこう。
- 発送も記録に残す。

日本郵便のサービス例

料金別納
同一料金の郵便物10通以上なら、郵便料金をまとめて支払える。切手を貼る手間が不要になる。
→ 案内状の大量発送など

配達時間帯指定郵便
午前・午後・夜間の3区分から配達時間帯を指定できる。
→ 期限のある書類を届けたいときなど

 +αコラム 正しいあて名書きは基本中の基本

郵便物のあて名書きでは、住所や名前を誤字脱字なく、丁寧に書くのは常識。読みづらい文字は誤配を招きます。相手の名前が中央にくるように住所や会社名、役職名の配置にも気を配り、長い住所や名称を改行するときは、区切りのよさに注意します。(株)などの略語は使わず、社名も正式名称にします。

また、右図は返信用はがきのマナー。これも常識として身につけましょう。

返信用はがきの書き方例

新事務所開設パーティーに喜んで
御出席 させていただきます
御欠席
(いずれか一方に○をおつけください)

御住所 市川市南八幡○○
貴社名 株式会社△△
御芳名 佐藤和雄

第一章 総務編 会社の仕事環境をばっちり整えよう

総務の基本と日常業務

49

総務編 - 総務の基本と日常業務

名簿を活用して社内で情報を共有する

ポイント＆ナビ
- 名簿は、常に最新情報に更新することが重要。
- 情報流出防止には細心の注意を。
- 情報の共有はビジネスチャンスにもつながる。

こまめに更新しないと役に立たない

円滑に業務を遂行するうえで、得意先や仕入れ先、金融機関、関係団体などを、検索しやすくデータ化した取引先名簿や顧客リストが必要です。

名簿やリストには、連絡先や営業（業務）内容はもちろん、担当者や管理者などの情報、さらに過去の取引の実績や経緯、評価なども記録しておきます。

更新されていない古い情報では、せっかくの情報を有効に生かせないばかりか、トラブルのもとになるおそれもあります。組織変更や人事異動、取引の情報など、こまめに最新データを入力します。

ただし、作成するだけでは「宝の持ち腐れ」です。各社員がデータを共有、活用してこそ、時間やコストをかけて作成する価値があります。

データの扱いはマニュアル化して周知徹底

取引先から至急の用件が入り、担当者が不在の場合、情報が整備されていれば、それに基づいてほかの社員が対応することもできるでしょう。クレームの場合は、少しでも早い対応が問題解決をスムーズにします。

また、「この案件はA社よりもB社が適しているのではないか」「C社は納期の遅れが目立つ」といった判断ができ、より正確な取引を行うことにもつながります。

ただし、メリットが大きい情報は、万が一流出させてしまったときのデメリット（金銭面、信用面）も大きいことを理解し、管理に気を配る必要があります。個人情報には特に注意が必要です。**データの取り扱いをマニュアル化して、社員1人ひとりに周知徹底する**ことが必要です。

ひとくちMEMO　市販ソフトの活用も検討を　さまざまな工夫がこらされた名簿作成ソフトが、数多く市販されている。導入に手間はかかるが、より充実した管理のため、メリットやコストを調べておこう。

個人情報の管理には細心の注意を

取引先名簿　顧客名簿　従業員名簿

個人情報が含まれた重要データ

ある人を特定できる情報
（氏名、住所、電話番号、年齢、生年月日など）

もし情報が外にもれた場合、会社の信用が失われ、損害賠償を請求されることもある。

情報流出防止の 3 つの基本

社員
重要情報にはパスワードをつけて、誰もが簡単に見られないようにする。パスワードは定期的に変更する。

持ち出し禁止
会社のノートパソコンなどは持ち出しを禁じるなど、公私の区別を徹底する。

個人情報取扱マニュアルの作成
作成するだけではなく、1人ひとりの社員に周知徹底することが必要。

 個人情報は個人情報保護法で守られている

「個人情報保護法」は、個人情報の適切な利用や管理に関する法律です。

個人情報について、取得・利用の際は利用目的をあきらかにすること（公表や本人への通知）、漏洩などがないよう安全に管理すること、第三者への提供には本人の同意が必要であることなどが詳細に定められています。

この法律の対象は、個人情報を取り扱うすべての事業者です。その規模などは問いません。違反には懲役や罰金などの罰則も設けられています。

第一章　総務編　会社の仕事環境をばっちり整えよう

総務の基本と日常業務

総務編 - 総務の基本と日常業務

文書の保管・管理は「検索のしやすさ」が第一

- 文書のサイズは統一しておくと保管しやすい。
- 保管すべき文書を明確にして、無駄に文書をため込まないことも必要。

　経営を左右する重要な取引の契約書から、消耗品のレシートまで、会社の業務には、さまざまな文書がかかわります。効率的で検索しやすい文書管理を行うために、次のようなポイントに気をつけましょう。

①文書を納めるファイルやキャビネットのサイズや種類、色、ファイルの背表紙の書き方を統一する。
②ファイルは契約の種類別、契約の相手先別、契約した部署別などに分類する。
③分類方法や保管場所、保管年数、廃棄処分の方法、担当者などを明確にし、誰でも検索可能にする。

文書別に廃棄する時期・方法を決めておく

　文書を必要以上にためないことも重要です。**保存するときに、廃棄の時期や方法（自社でシュレッダーか、専門業者に依頼して廃棄かなど）を決めておきます。**法律などで保管期間が定められているものもあるため、事前の確認が必要です。
　文書をスキャニングしたり、データ化して保存するケースも増えてきました。場所もとらず検索も簡単になりますが、文書によって電子化して保存する際のルールが設けられている場合もあります。

 重要データはバックアップが欠かせない

　パソコンなどで作成したデータは扱いやすく場所をとりませんが、何らかの障害でデータを失う危険性を伴います。重要なデータやファイルは、常にバックアップをとっておく習慣をつけましょう。
　バックアップの方法として、DVDやCD-R、外付けハードディスクなど、外部のメディアを利用します。同じパソコンのなかでファイルを別につくっても、パソコン自体が壊れた場合、どちらも失われてしまうからです。

各種文書の保管期間例

保管期間	文書
2年	健康保険や厚生年金保険に関する書類 雇用保険に関する書類 簡単な契約・届け出関係の文書 郵便物の受発信記録 労働者名簿、賃金台帳、年休管理簿など、労務関係書類＊
3年	労災保険に関する書類
4年	雇用保険の被保険者に関する資料
5年	事業報告書、始末書など 従業員の誓約書や健康診断書など
7年	決算に関して作成された書類 取引に関する証憑類（請求書、領収書など） リース契約書 給与所得者の扶養控除等申告書 源泉徴収簿 年末調整の資料
10年	株主総会の議事録 貸借対照表など決算書、総勘定元帳 契約書（満期または解約後） 財務諸表、株式台帳、配当簿
永久	定款、株主名簿 会社の設立・登記、訴訟に関する文書 官公庁の許認可に関する証書類 土地・建物など固定資産関係書類 特許権、実用新案権、商標権に関する文書 稟議、決裁に関する重要文書 重要な人事や財産の得失に関する文書 労働協約に関する文書

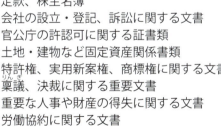

＊2020年4月の労働基準法改正により、賃金台帳など労務関係書類の保存期間は5年となった（ただし、当面は3年）。

文書は、必要なときにすぐ取り出せるようにしておくことも重要！

注・保管期間は、会社法、税法、労働基準法などの定めにしたがうのが基本。

第一章 総務編　会社の仕事環境をばっちり整えよう

総務の基本と日常業務

53

総務編 - 総務の基本と日常業務

正しく契約書を交わして後のトラブルを防ぐ

- 契約内容はもちろん、契約者、日付、記名・署名や押印などをこまかくチェック。
- 交渉時の新たな条件も、もれなく盛り込む。

すみからすみまで目を通す

　契約とは、当事者間の権利と義務を伴う「法的な約束」です。契約書とはその約束を文書にしたものです。法律上、口約束だけでも契約は成立しますが、後のトラブル防止のためにも、契約書を交わしたほうがよいでしょう。契約書の形式に特に決まりはありませんが、作成時には、以下のポイントに注意します。

●契約の当事者を確認する

　会社との契約は、原則として相手の会社の代表取締役と結びます。

●内容を確認する

　契約の期間や金額、納期など、契約の具体的な内容は、特に念入りに確認します。契約書の作成年月日は、契約書の効力発生日として重要なポイントです。契約違反があった場合の、損害賠償予定額を記載することもあります。交渉のなかで生じた約束ももれなく明記します。

●記名・署名、押印を確認する

　記名とは印字された氏名、署名とは自筆の氏名のこと。署名のほうがより信頼性が高まります。代表者が複数の場合、押印（おういん）もそれぞれに必要です。契約書が複数枚の場合は、1通の契約書であることの証として、契約当事者全員がページにまたがるように押印します（契印→61ページ）。

●印紙を貼る

　契約の種類と金額に応じて、収入印紙（印紙税）が必要になる場合があります。貼った印紙には消印（けしいん）を押します（→58ページ）。

　作成後は、契約当事者の人数分作成し、それぞれが保管します。

ひとくちMEMO　労働契約　契約を結ぶのは取引先ばかりではない。社員が会社で働くときにも「労働契約」が結ばれている。後のトラブル防止のため、文書で明示することが義務づけられている。

契約書は取引の重要書類

標準的な契約書の例

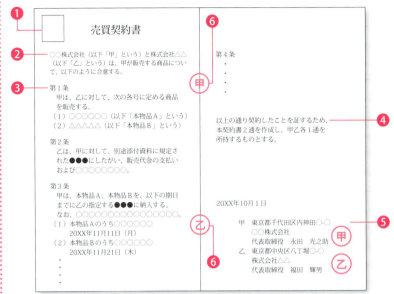

❶ 収入印紙を貼る（→58ページ）。取引金額と取引内容により、金額は異なる。
❷ 当事者は、それぞれ「甲」「乙」で表す。
❸ 契約内容は、基本的項目から順に箇条書きで記載する。
❹ お互いが合意した旨を記載する。
❺ 契約を結んだ年月日、甲乙の代表者氏名を記載、実印を押す。
❻ 契約書が複数枚にわたる場合、綴じ目に甲乙の印を押す（契印→61ページ）。

契約書を交わすときのチェックポイント

1	契約の当事者は誰か	会社対会社で契約を結ぶ場合、契約の当事者は通常代表取締役。記名や押印を確認。
2	合意内容はすべて記載されているか	口頭の約束はトラブルのもと。約束したことはすべて契約書に盛り込まれているか。
3	もしもに備える内容が記載されているか	相手が契約の責任を果たさない場合などに備え、契約解除の条件や損害賠償など、対応策が明確に盛り込まれているか。

注・ビジネス環境の電子化・ペーパーレス化の進展に伴い、電子署名やタイムスタンプを利用した契約書の電子化も進んでいる。電子契約には印紙（印紙税）が不要というメリットもある。

知っておきたい総務知識 ❶ 〈契約〉
お互いを権利と義務で結ぶ「法的」行為

一方が「申し込み」、一方が「承諾」する

　54ページでも解説しましたが、契約とは、当事者間で交わされる法律上の権利と義務を伴う約束です。

　たとえば、コンビニでは商品を陳列し「売りましょう」という「申し込み」を行い、客が「買いましょう」という「承諾」（レジで対価を支払う）を行うことで、そこに「売買契約」が成立します。電車に乗るときも、「この区間をこの運賃であなたを運びます」という鉄道会社の「申し込み」に対して、切符を買うことで（ICカードでも同じ）、それを「承諾」して乗車していることになるのです。簡単なメールによるやりとりでも、当然契約は成

契約で生じる当事者同士の関係

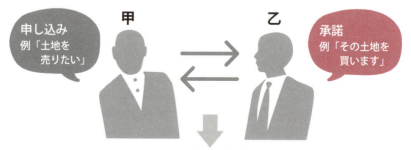

1 いったん合意すると、原則として取り消せない。

2 契約内容が実行されなければ、法律により強制できる。

3 契約は口頭でも成立する。

立します。ただし、口約束などでは、後日契約の証明ができないため、ビジネスでは、多くの場合、契約書を交わします。

　いったん成立した契約は、強い法的な拘束力を持ち、原則として取り消せません。取り消しや解除ができるのは、特別なケースだけです。たとえば、ある会社の代理人が会社に無断で契約を結んだり、契約時に契約書の内容の誤りに気がつかなかったり、強迫や詐欺によって契約した場合などです。

　ただし、直接の契約相手がこうした事情をまったく知らなかった場合（善意の第三者）、取り消しや解除ができなくなることもあります。

契約段階で、損害賠償まで明文化しておく

　相手が契約内容を果たさなければ、債務不履行（ふりこう）として、受けた損害の賠償を請求できます。損害賠償の範囲については、民法で「債務不履行によって通常生じるであろう損害の範囲内」とされています。

　ただ、この規定だけでは具体性に欠けるため、契約書の作成段階で、契約に違反した場合の「ペナルティ」を、明文化しておきます。

契約が守られなければ、損害賠償を請求できる

約束の期限までに、契約内容が果たされない場合

実行された内容が、契約内容と違う場合
（納品された商品に欠陥があったなど）

相手が契約内容を実行できなくなった場合
（納品予定の商品が焼失、代わりのものがないなど）

内容証明郵便などで、契約内容の実行を求める。

契約内容通りの実行を求める。

損害賠償を求められる。

それでも実行されなければ、損害賠償を求められる。

同時に損害賠償も求められる。

総務編 - 総務の基本と日常業務

文書のなかには税金がかかるものがある

- 一定額以上の領収書や契約書には収入印紙を貼らなければならない。
- 印紙の貼り忘れには罰則もある。

　印紙税法で定められた課税文書を作成する場合、その文書の内容や記載された金額に応じて、税金を納める必要があります。これを印紙税といい、**収入印紙を購入し、文書に貼って消印することで納税が完了します**。課税文書は、法律により定められ1号～20号文書に分類されています。右ページにあげた文書が代表的なものです。国税庁のホームページで調べることができます。

収入印紙の貼り忘れで税額が3倍にも

　課税文書に収入印紙を貼らなかった場合、**本来納税すべき印紙税額に加えて、その2倍に相当する金額の合計（本来の印紙税額の3倍の過怠税）が課せられま**す。ただし、税務署などから指摘される前に自主的に申し出た場合は、本来の印紙税額とその10％に相当する金額の合計（本来の印紙税額の1.1倍）ですみます。

　また、印紙の再使用を防ぐために消印を行いますが、これを怠った場合も、消印すべき印紙の額面相当の過怠税が課せられます。

　間違えて多額の印紙を貼って消印してしまった場合は、貼り間違えた文書を税務署に提出することで、納め過ぎた額の還付を受けることができます。

収入印紙の貼り方

契約書の場合、
書面の左上に貼り消印する
（複数枚ある場合は1ページ目）。

消印
印紙の再使用を防ぐために、印紙と書類の境目に押印する。甲乙双方またはどちらか一方が消印する。

これはNG 文書の名称が「受取書」であっても、実態が課税文書である領収書であれば、印紙税を納めなければならない。名称でなく実際の内容から判断すること。

主な印紙税の課税文書と金額

文書の種類	印紙税額（記載された金額・1通につき）
1号文書 1 不動産、鉱業権、無体財産権、船舶もしくは航空機または営業の譲渡に関する契約書 （例）不動産売買契約書 2 地上権または土地の賃借権の設定または譲渡に関する契約書 （例）土地賃貸借契約書 3 消費貸借に関する契約書 （例）金銭消費貸借契約書 　　（お金の貸し借りの契約書）	1万円以上　10万円以下　　200円 10万円超　　50万円以下　400円(200円) 50万円超　100万円以下　1000円(500円) 100万円超　500万円以下　2000円(1000円) 500万円超　1000万円以下　1万円(5000円) 1000万円超　5000万円以下　2万円(1万円) 5000万円超　　1億円以下　　6万円(3万円) 1億円超　　　5億円以下　　10万円(6万円)
2号文書 請負に関する契約書 （例）工事請負契約書	1万円以上　100万円以下　　　200円 100万円超　200万円以下　400円(200円) 200万円超　300万円以下　1000円(500円) 300万円超　500万円以下　2000円(1000円) 500万円超　1000万円以下　1万円(5000円) 1000万円超　5000万円以下　2万円(1万円) 5000万円超　　1億円以下　　6万円(3万円)
7号文書 継続的取引の基本となる契約書 （例）売買取引基本契約書、業務委託契約書	4000円
17号文書 1 売上代金に係る金銭または有価証券の受取書 （例）物品購入の領収書	5万円未満　　　非課税 5万円以上　100万円以下　　200円 100万円超　　200万円以下　　400円 200万円超　　300万円以下　　600円 300万円超　　500万円以下　1000円 500万円超　1000万円以下　2000円 1000万円超　2000万円以下　4000円 2000万円超　3000万円以下　6000円 3000万円超　5000万円以下　1万円 5000万円超　　1億円以下　　2万円
2 売上代金以外の金銭または有価証券の受取書 （例）借入金の受取書	5万円未満　　　非課税 5万円以上　　　200円

1号文書のうち不動産に関する契約書、2号文書のうち一定の建築工事用請負契約書には軽減措置あり。（　）内の金額（2022年3月までに作成されるもの）。

文書の種類、印紙税額は、『印紙税額の一覧表』（国税庁）から一部を抜粋。他の文書は→巻末資料。

総務 Q&A

Q 消費税の金額分はどうなる？

A 不動産の売買契約書、請負契約書、領収書で、消費税分の金額を区分記載していれば、税抜きの金額による印紙税額となります。「消費税額等○％を含む」という記載では、税込金額による印紙税額となります。

第一章　総務編　会社の仕事環境をばっちり整えよう

総務の基本と日常業務

印章の管理

総務編 - 総務の基本と日常業務

押すべきハンコは文書によって異なる

ポイント&ナビ
- 会社印の種類、押印の重要性をよく理解する。
- 誰が、いつ、どこに使ったかなど管理を徹底する。
- 代表者印の無断持ち出しは厳禁とする。

実印、銀行印、社判が会社の３大重要印

　文書への押印は省略できるケースも増えていますが、重大な責任を伴う行為であり、適正な使い方や管理の徹底は欠かせません。そのためには、**会社で用いる印章の種類とそれぞれの役割を、よく理解しておくこと**が第一です。主に使われるのは以下の３つです。

- **代表者印（実印）**　法務局に届けた会社の実印です。契約書や官庁・自治体への届け出などに使用します。会社にとって最も重要な印章です。実印であることを公的に証明する、印鑑証明の交付を受けられます。
- **銀行印**　取引金融機関に登録した印章です。入出金や小切手、手形など、銀行取引全般に使用します。
- **社判（角印）**　請求書や見積書、注文書、納品書といった日常的な社外文書には、会社の名前が入った社判を使用します。

　以上のほか、社会保険・労働保険関連の書類に使われる「社会保険印」、支店長や部長など、一定以上の役職者の「認印」を使用する会社もあります。

誰が、どのように管理するか

　印章を適切に管理するためには、「誰が印章を管理するのか」「いつ、誰が印章を使ったかをどう管理するのか」などのルールを決め、厳格に運用する必要があります。印章取扱規程を明文化し、印章管理台帳を作成している会社もあります。規模の小さな会社では、総務が一括して管理するのが一般的です。**金庫などで厳重に保管しましょう**。特に代表者印は、一般社員の持ち出しを禁止します。

ひとくちMEMO　**印鑑カード**　法務局で印章を登録したときに発行されるカード。印鑑証明の交付を受ける際には、交付申請書とともにこのカードが必要になる。

押印の種類を知っておこう

契印
契約書が複数枚になった場合、そのつながりを証明するために押す。
- 署名者全員が押す。
- すべてのページの綴じ目に押す。

割印
原本と写しなど、2通以上の契約書が同じであることを証明するために押す。

止印
契約書に余白が生じた場合、後からの書き込みを防ぐために押す。

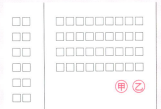

捨印
契約書の誤字脱字などこまかな修正に備え、あらかじめ欄外に押す。相手は訂正印なく文書の修正ができる。

訂正印
文書の修正時に押す。
- 修正箇所を二重線で消し、修正文言を記入。その行に近い欄外に押印し、削除字数、加入字数を記入する。

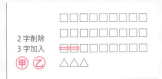

捨印は、文書を勝手に修正される危険があるので、むやみに押さないこと！

第一章 総務編 会社の仕事環境をばっちり整えよう

総務の基本と日常業務

61

総務編 - 総務の基本と日常業務

商業登記簿を見れば どんな会社かわかる

- 新規取引先などの会社の状況を知るために使える。
- 交付申請の手順を覚えておこう。
- 3つの登記事項証明書の違いを知っておく。

　会社の商号や本店の所在地、設立年月日、目的、資本金額、役員、発行済株式総数……、いわば「**会社の戸籍や住民票**」に相当するのが**商業登記簿**です。すべての会社は、会社設立の際、所在地を管轄する法務局（登記所）に申請して、商業登記を行っています。登記した内容に変更が生じた場合には、その都度届け出なければなりません。

　商業登記簿は、誰でも閲覧することができます。新たに取引を考えている会社があるときは、その会社の商業登記簿（登記事項証明書）を閲覧すれば（交付を受ければ）、ある程度その会社のようすを知ることができます。

交付手続きは簡素化されつつある

　登記事項証明書の交付を受けるには、直接**その会社を管轄する法務局を訪ねて申請するのが基本**です（→下図）。しかし、現在多くの法務局は、データにより登記簿を管理しているため、「登記・供託オンライン申請システム」*を利用すれば、オンライン上で交付申請ができます。受け取りは、郵送、または最寄りの登記所窓口などを指定することができます。

*登記・供託オンライン申請システム https://www.touki-kyoutaku-online.moj.go.jp/

登記事項証明書の交付申請の流れ

最寄りの法務局（登記所）へ
取得したい会社を管轄している法務局（登記所）がコンピュータ化されていない場合は、その登記所へ直接行く。

→

「交付申請書」に必要事項を記入し、窓口に提出する
交付申請書には、手数料として収入印紙を貼る。

→

登記事項証明書が交付される
その他、郵便やインターネットから請求もできる。

新規取引先の履歴事項全部証明書の見方

第一章　総務編　会社の仕事環境をばっちり整えよう

履歴事項全部証明書

東京都台東区谷中○-○
○○株式会社
会社法人番号　0000-00-00000

商　号	○○株式会社
本　店	東京都台東区谷中○丁目○番地
公告をする方法	官報に掲載して行う
会社成立の年月日	平成 10 年 1 月 20 日
目的	1　オフィス用品の輸入・販売 2　前号に付帯する一切の業務
発行可能株式総数	1000 株
発行済株式の総数 並びに種類及び数	発行済株式の総数 300 株
資本金の額	金 1000 万円
株式の譲渡制限に 関する規定	当会社の株式を譲渡により取得するには、 株主総会の承認を受けなければならない。
役員に関する事項	取締役　羽田安雄
	取締役　山川聡子
	神奈川県横浜市港北区○丁目○番○号
	代表取締役　羽田安雄
登記記録に関する事項	設立 　　　　　　平成 10 年 1 月 20 日登記

これは登記簿に記録されている閉鎖されていない事項の全部であ
ることを証明した書面である。

令和 XX 年 9 月 14 日
東京法務局○○出張所
登記官　　　　　　　　　　　山　本　三　郎　**印**

整理番号　ナ 000000　　　＊下線のあるものは抹消事項であることを示す。

商号（会社名）
何度も変わったりしていないか。契約時には名称が一致しているか確認。

所在地
頻繁に変わったりしていないか（過去に変更があればその履歴が記載されている）。

事業の目的
実際の事業や今回の契約内容と合っているか。

資本金
会社の規模が推測できる。

代表者、役員
契約書と一致するか。役員が最近大きく変わったりしていないか。
いずれの項目も変更・抹消された事項の記載には、下線がひかれている。

登記事項証明書は主に3種類

現在事項証明書	現在効力のある登記事項のみを明らかにする。
履歴事項全部証明書	交付請求日3年前の年の1月1日以降の、抹消を含むすべての登記事項を明らかにする。
閉鎖事項全部証明書	コンピュータ化より前の登記内容などを明らかにする。

総務の基本と日常業務

知っておきたい総務知識 ❷ 〈登記〉
他社と円滑に取引するために「登記」情報を活用する

　登記とは、法務局という法律に関する公的な機関へ、会社情報や権利関係の届け出を義務づけて、誰でも知ることができるようにするしくみです。土地、建物や会社（法人）などの取引の安全性を高めるために利用されます。

　登記には、会社に対する**商業登記のほかに、土地、建物に対する不動産登記があります**。ビジネスでは、商業登記簿だけでなく、取引先の不動産登記簿を入手して、所有する土地や建物の規模や、所有権の状況、抵当権（不動産を借金の担保にすること）などから財務状態を確認できます。不動産登記簿（登記事項証明書）の交付申請手続きは、62ページの商業登記簿とほぼ同様です。

　入手した登記情報の「読み方」は、法律の専門知識がないと難しいケースもあるため、司法書士などの専門家にチェックを依頼することもあります。こうした専門家とのやりとりも総務の重要な仕事の１つです。

　また、**不動産登記には、その土地、建物の権利を明確にするという役割があります**。会社が不動産を手に入れる際には、その登記内容に問題点がないかチェックするとともに、自社の権利をすみやかに登記する必要があります。

登記の果たす役割とは

不動産全部事項証明書　見方の基本

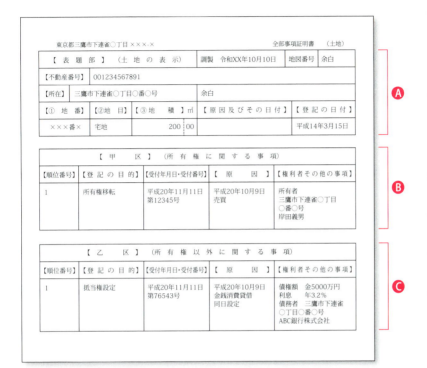

A 表題部
その不動産の内容を表示する

→ この欄の記載内容から
その不動産の概略がわかる。

B 甲区
その不動産の所有権に関する事項を表示する

→ 差し押さえや仮差し押さえをされている場合、この不動産に担保価値はない。

C 乙区
その不動産の抵当権、賃借権、地上権、地役権などを表示する

→ この欄に記載されている権利があると、所有権が制約を受ける。

総務編 - 総務の基本と日常業務

冠婚葬祭の対応は総務が主導する

- 冠婚葬祭時のそつのない対応は、その後の良好な取引関係に生きてくる。
- 社内の連絡体制を整え、対応をマニュアル化しておく。

社内、社外（取引先や関係団体、地域など）を問わず、慶弔、いわゆる冠婚葬祭への対応は、**礼を失するとその後の関係にひびが入りかねません**。関係部署と連携しつつ、そつのない対応が必要です。

慶事には、入社、結婚、出産、快気（かいき）、会社設立、株式上場、提携、新社屋・新工場の落成、支店・営業所の開設、移転、新製品・新技術の発表、就任・昇進・栄転などがあります。式典などに出席するほか、祝い状、祝電、祝い金、贈り物などを手配します。弔事では、通夜・葬儀に参列するほか、供物（くもつ）や供花（くげ）、弔電、香典などを手配します。

いざというときあわてないように

慶事であれ弔事であれ、**いち早く情報をつかみ、すばやく行動することが必要**です。そのため、ケース別の対応をマニュアルとしてまとめておき、いざというとき、右往左往することがないようにしなければなりません。

「誰に連絡して、どのように周知するか」「どんな場合に、誰が式などへ参列するか」「お祝いや香典の金額はいくらか」などがマニュアルのポイントです。また、必ず上司や担当部署の責任者の判断を仰いでから行動します。

慶事はこの手順で対応する

社内の関係者に連絡する		お祝いなどを手配する
● 式典がある場合、誰が出席するかなどを相談する。		● 祝電、祝い金、祝いの品など。

祝儀、香典の金額の目安

祝儀

社外		10,000円～50,000円
社内	結婚	20,000円～70,000円
	新築	10,000円～50,000円
	出産	10,000円～20,000円

慶事の内容、祝電、祝花（いわいばな）などを含め、つき合いの深さや重要度、相手の役職などによるルールを設けておくとよい。

役職などにより、ルールを設けておくとよい。

香典

社外		5,000円～10,000円
社内	本人	50,000円～100,000円
	子・配偶者	10,000円～50,000円
	父母	10,000円～30,000円

弔電、供花などを含め、つき合いの深さや重要度、相手の役職や故人との関係などによるルールを設けておくとよい。

役職などにより、ルールを設けておくとよい。

弔事はこの手順で対応する

情報を確認する
故人の氏名、喪主、宗派、通夜や告別式の日時と場所など。

社内の関係者に連絡する
誰が葬儀に出席するか、手伝いに行くかなどを相談して決める。

香典などを手配する
供物、供花、香典、弔電など、マニュアルに沿って手配を行う。

総務編 - 総務の基本と日常業務

失礼のない葬儀マナーを身につけておく

- 服装や遺族への声かけなどの基本マナーは確実に身につける。「知らなかった」ではすまない。
- 葬儀の手伝いは出すぎない注意も。

弔事への対応はやり直せない

　慶弔のなかでも、弔事への対応は特に重要です。死という「一度きり」のことにかかわる儀式であり、関係者は悲しみに沈んでいます。失礼は許されません。慎重でスピーディーな対応が求められるのです。

　関係者への連絡や弔電などの手配の知識、葬儀（通夜・告別式）に参列する場合の遺族への声かけや焼香のマナーは、最低限身につけておきましょう。

　通夜に参列する場合、急なことが多いため喪服でなくても失礼には当たりません（とはいえ派手な服装は避ける）。葬儀、告別式では略式の喪服（礼服）を着用します。男性は、黒や濃紺などのスーツに、白ワイシャツ、黒ネクタイ、黒靴下、黒靴。左腕に喪章を巻く場合もあります。ネクタイピンやカフスボタンなどはつけません。女性は、黒や濃紺、濃いグレーなどのスーツやワンピース（長袖か七分袖）。アクセサリーは真珠なら可、ネックレスやイヤリングにとどめます。

　宗派や地域によって、式次第には違いがあります。可能な限り、情報を事前に確認して、失礼のないようにしなければなりません。

葬儀の手伝いは「出すぎない」こと

　社内の役員や社員が亡くなったときには、会社から葬儀の手伝いを出すことがあります。特に、葬儀は地域の関係を主体に行われることが多いため、会社関係者の参列に対する対応が主な役割です。

　ただし、あくまでも「お手伝い」の立場を徹底し、**地域の人や葬儀社など、葬儀を取りしきる人の指示の範囲内で行動する**ことが大切です。

> **ひとくちMEMO**　**社葬**　社長や会長などが亡くなった場合、社葬を執り行う場合もある。総務が遺族の意向をくみながら一切を仕切ることになる。失敗の許されない重要な仕事だ。

迷いやすい葬儀の基本マナーQ＆A

Q 不祝儀袋はどんなものを選べばよいですか？

A 仏式なら「御香典」、神式なら「玉串料」、キリスト教式なら「お花料」など、表書きが異なることに注意。「御霊前」なら、宗派を問わず使うことができます（浄土真宗を除く）。また、不祝儀袋は袱紗に包んで持っていくのがマナー。

Q 弔電のあて名は「故人」？「喪主」？

A 弔電のあて名は喪主にするのがマナー。関係している相手が喪主以外なら「（喪主の氏名）様方（関係者）様」としてもよいでしょう。文面を自分で作成する場合は、「御尊父様」「御母堂様」など、特徴的な敬語や、忌み言葉（「返す返す」など重ね言葉、「苦しい」「迷う」など不幸を連想させる言葉）に十分配慮を。

Q 焼香も宗派により違うのですか？

A 焼香は仏式の場合に行われ、お香をつまみ上げ香炉にくべる回数は宗派により異なります。ただし回数にこだわるより、心をこめて行うことが大切。なお、神式では玉串奉奠（榊の枝に四手という紙をつけた「玉串」を祭壇に捧げる）、キリスト教式では献花（花を捧げる）が行われます。

法要に招かれたらできるだけ出席する

　葬儀後は、故人の冥福を祈るために、一定期間ごとの命日に、一周忌や三回忌などの法要が行われます。法要の案内状を受け取ったら、特別な用事がない限り出席しましょう。出欠の返事はできるだけ早く行います。

　服装は、特に指定がなければ一周忌には黒の略礼服を着ることが多く、回を追うごとに略式にしていきます。「お供物（料）」として、「ご仏前」などの表書きで、香典の2分の1程度の金額を持参します。

総務編 - 総務の基本と日常業務

社内の親睦を深め 外へは自社をアピール

- 上手な広報活動は、社員のモチベーションを高め、会社の信用度や認知度の向上に貢献する。
- 限られた費用のなかで最大限の効果を出す工夫を。

社員の意欲を高められる企画を考える

　広報は、大規模な会社では独立した部署ですが、中小の会社では、多くの場合総務が担当します。

　広報の仕事は、大きく社内向けと社外向けに分けられます。社内向けでは、社員旅行や各種社内行事の企画立案・運営、社内報の制作・発行などを行います。社員間の親睦を深め、仕事へのモチベーションを高めることが目的です。

　社員旅行や社内運動会などは、最近では、見直され復活する傾向にあります。「他社がやっているから……」ではなく、社員の望むものを敏感にとらえ、自社に合った内容や企画を、いろいろと工夫していくことが大切です。

会社のことをもっと知ってもらおう

　社外向けの広報活動では、会社案内やホームページ、商品パンフレットなどの制作、公開（配布）、取引先などを招待する各種イベントや、マスコミ向けの発表会などを行います。**自社のイメージアップをはかり、認知度を高め、直接・間接的に業績の向上を目指します。**

　外部の人たちの参加を募るイベントでは、窓口である総務はまさに会社を代表することになります。一挙手一投足が、会社の評価につながっていることを意識しなければいけません。

　最近では、ツイッターやブログ、SNS（ソーシャル・ネットワーキング・サービス。フェイスブックなど）を駆使すれば、社内外に向けたアピールを安く、効率的にできるようになってきました。

ひとくちMEMO　コンプライアンス（法令等の遵守）　会社が法律や社会的常識を守ること。地域活動への参加やエコへの取り組みなど、自社の活動や成果を発信、アピールしていく作業も欠かせない。

ホームページ運用には慎重さが必要

著作権の侵害
他のサイトの記事や画像などを、許諾なくコピーしてアップすれば、相手の著作権の侵害になる。

肖像権の侵害
スナップ写真などをアップする際、写っている人に許諾をとらなければ肖像権の侵害になる。

名誉毀損
噂や不確かな情報から作成した記事や、相手を貶めるような内容の記事は、名誉毀損で訴えられることがある。

Check!
こうした事態は、会社のイメージを失墜させるばかりでなく、多額の損害賠償などを請求される場合もある。ホームページ制作にかかわる社員のモラルを徹底し、記事などのチェック体制も整えておくことが必要。

 +αコラム **社内行事は「費用対効果」もよく検討して**

　社内で行われる行事には、新人研修のように業務の一環として位置づけられるものから、歓送迎会、運動会のような福利厚生、さらには入社式や表彰式、新製品の発表会など、さまざまな性格（目的）を持ったものがあります。それぞれ、準備には時間も費用もかかります。
　その行事の必要性と必要な時間や費用をチェックし、費用対効果を明らかにして、無駄な行事は省く、規模を適正にするなどのチェックが必要です。

総務編 - 総務の年に一度の仕事

株主総会の成功は周到な準備にあり

- 株主総会は、企業の意思決定の最高議決機関。
- 円滑な議事進行のため、想定問答集を作成することも。
- 当日の運営も総務の仕事。

剰余金の配当などは、株主総会での決議が必要

　会社のしくみのなかで、最も大きな力を持つのは株主です。その株主が集まる株主総会は、会社の最高意思決定機関です。株主が集まって、会社の重要事項について報告を受け、多数決により意思決定を行います。

　会社の重要事項には、①定款変更、資本減少、合併・解散といった「**会社の基礎的変更**」、②取締役・監査役などの選任・解任、報酬の決定といった「**構成員の選任・解任などに関する事項**」、③株式の併合、配当、取得といった「**株主の利益などに関する事項**」などがあります。取締役会のない会社では、上記以外の重要事項も株主総会で決められます。

　株主総会には、年に一度、決算内容の承認を得るために招集される定時株主総会と、必要に応じて招集される臨時株主総会があります。

計画的に準備したい、1年に一度の大仕事

　総務では、この株主総会の開催にかかわる事務を行います。株主の数が多い場合は会場確保から始まり、招集通知の送付、貸借対照表などの決算書類や討議の必要書類の作成、議事を円滑に進めるための想定問答集の作成、当日の会場設営準備、管理も行います。総会後には議事録を作成します。**議事録は10年の保存が義務づけられた重要書類**となります。

　会社の規模が大きくなるほど、株主総会の規模も大きくなり、その分作業も増えていきます。社員間で綿密にやりとりをしながら、スムーズに進行しなければなりません。

> **ひとくちMEMO　取締役会**　設置は任意だが、発行する株式を自由に売買できる「公開会社」の場合は、必ず置かなければならない。取締役3人以上で構成され、一定の重要事項の決定権を持つ。

定時株主総会の流れと総務の仕事の例

（取締役会のある会社の場合）

日程を決定する

- 決算の翌日から最大6か月以内と決められている（法人税法上）。
  取締役会により決められる。中小企業では、通常、決算の翌日から2か月以内に開催することが多い

▼

招集通知を発送する

- 開催の2週間前までに、各株主に発送する。
  取締役会のない会社の場合、1週間前までに発送。口頭で伝えてもよい
- 総会の議題や開催場所を明記し、貸借対照表などの決算書類や委任状を同封する。

▼

準備を進める

会社の規模などで、作業量は大きく変わるよ。

- 想定問答集を作成して、株主からの質問に備える。
- 出席する株主とその議決権数を確認する。
- 会場設営の準備を進める。

▼

開催する

- 総務部が主導して、司会や受付、警備、設営を行う。
- 議長（通常は取締役）が議事進行する。
  決算内容の報告、承認→質疑応答→議案の採択
- 議案の採択は株主の多数決で行う。1株につき議決権は1

▼

議事録の作成

- 日時、開催場所、出席した株主数と議決権数、決議内容などを記載する。出席した取締役全員の記名捺印が必須。
- 10年間の保存義務がある。

知っておきたい総務知識 ❸ 〈会社のしくみ〉

会社でいちばん偉いのは
社長か株主か？

　平成18年、それまでの会社を規定した法律を統合して、「会社法」が施行されました。この法律により「会社」は、株式会社、合名会社、合同会社、合資会社の4種類になりました。もっとも、**会社の多くは株式会社です。そのほかの3つのタイプは、小規模・少人数を予定した会社形態です。**

　かつては、主に小規模の会社形態として「有限会社」がありましたが、会社法により廃止されました（株式会社に統合）。ただし、会社法施行前の有限会社は、特例として存続が認められています。

株主が持つ会社を経営者が経営する

　株式会社の最大の特徴は、株主が出資した資本金で事業を行うという点です。**株主が会社の実質的な所有者であり、株主が出席して決議する株主総会が最高意思決定機関です。**株式会社が発行した株式を買うことで、出資者＝

会社には4つの種類がある

1 株式会社	持分会社		
株式を発行して、出資者に買ってもらい（株主）、その資金により事業を行う。会社の多くが株式会社。	資金を出した出資者が直接事業を行う。主に少人数の会社で利用される。		
	2 合名会社	3 合同会社	4 合資会社
	出資者全員が無限責任を負う（倒産などの場合、負債全額の責任を持つ）。	出資者全員が有限責任を負う（倒産などの場合、負債について出資額の範囲で責任を持つ）。	出資者に無限責任を負う者と有限責任を負う者がいる。

株主となります。実際に業務を行う社長など取締役は、株主総会で選ばれます。ただし、小さな会社では出資者が直接業務を行う「オーナー経営」が一般的です。株主は、所有する株式数に応じて、株主総会での議決権を持ち、経営について物申すことができます。

株主が出資したお金を元手に、社長などが事業を始めて、利益を生み出し、株主に配当を行います。これが株式会社の目的です。

また、株式会社は公開会社と非公開会社に分けることができます。公開会社は、すべて、あるいは一部の株式の譲渡が自由です。非公開会社では、すべての株式の譲渡が自由ではありません。**株式を公開すれば、より広範囲に資金を集めることができる半面、多様な株主によって会社運営が煩雑になるおそれもあります。**

株式会社のしくみ

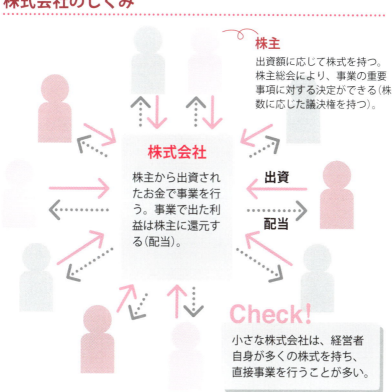

株主
出資額に応じて株式を持つ。株主総会により、事業の重要事項に対する決定ができる（株数に応じた議決権を持つ）。

株式会社
株主から出資されたお金で事業を行う。事業で出た利益は株主に還元する（配当）。

Check!
小さな株式会社は、経営者自身が多くの株式を持ち、直接事業を行うことが多い。

総務編 - 総務の年に一度の仕事

会社の引っ越しには届け出が必要になる

- 役員の退任や新任などがあった場合、法務局で変更登記が必要になる。
- 変更内容によって、複数の届け出が必要になる。

　会社の移転や役員変更、社名変更など、会社にはさまざまな変化が起こります。**変更内容が商業登記（→62ページ）している内容にかかわるなら、変更から2週間以内に「変更登記」をする必要があります。**

　役員の退任・新任などに関しては、通常、任期が2年とされているため、2年に1回は役員の変更登記が必要になります。全員再選で変更がない場合でも、再選されたことを届け出ます。

　また、変更内容に応じて、税金や雇用保険、厚生年金保険など、かかわりのある役所にそれぞれ届け出をしなければなりません。

定款の変更は株主総会の決議が必要になる

　移転により登記所の管轄が変わる場合などでは、定款の変更も必要になります。定款とは、会社設立時に公証人役場で認証が義務づけられている、会社の組織や運営内容などの基本ルールです。定款を変更するには、株主総会での決議が必要となるため、一層、手間も時間もかかります。

会社の変更事項は、登記内容を変更する

会社移転、役員変更、社名変更などの決定
定款に変更が出る場合は、株主総会の承認を得る。

変更後、2週間以内に法務局に変更登記を申請する
その他、必要な役所へ届け出を行う（それぞれの届け出期限に注意）。

関係各所への手続きが必要になる

	どこへ	手続きの内容	いつまで
役員の変更	法務局	役員変更登記の申請	変更から2週間以内
	税務署	異動事項に関する届出	変更後すみやかに
	都道府県税事務所、市区町村	異動届出書	自治体の定めによる
	年金事務所	健康保険・厚生年金保険事業所関係変更（訂正）届＊	変更から5日以内

＊事業主の変更の場合のみ。

	どこへ	手続きの内容	いつまで
会社の移転	法務局	変更登記の申請（新・旧）	移転から2週間以内
	税務署	異動事項に関する届出（新・旧）	移転後すみやかに
	都道府県税事務所、市区町村	異動届出書（新・旧）	自治体の定めによる
	年金事務所	健康保険・厚生年金保険適用事業所名称／所在地変更届（旧のみ）	移転から5日以内
	労働基準監督署、ハローワーク	労働保険名称、所在地等変更届（新のみ）	移転の翌日から10日以内
	ハローワーク	雇用保険にかかわる各種変更の届け出（新のみ）	変更の翌日から10日以内

注・移転により、法務局や年金事務所、労働基準監督署、ハローワークの管轄が変わったり、納税地が変わる場合、（新・旧）は新旧両方で手続きが必要。（新のみ）は移転後の役所、（旧のみ）は移転前の役所で手続きを行う。

	どこへ	手続きの内容	いつまで
社名の変更	法務局	変更登記の申請	変更から2週間以内
	税務署	異動事項に関する届出	変更後すみやかに
	都道府県税事務所、市区町村	異動届出書	自治体の定めによる
	年金事務所	健康保険・厚生年金保険適用事業所名称／所在地変更届	変更から5日以内
	労働基準監督署、ハローワーク	労働保険名称、所在地等変更届	変更の翌日から10日以内
	ハローワーク	雇用保険にかかわる各種変更の届け出	変更の翌日から10日以内

注・登記申請についてはオンラインによる簡略化が進んでいる。また、上記の手続きも電子申請可能なものがある。

第一章　総務編　会社の仕事環境をばっちり整えよう

総務の年に一度の仕事

総務編 - 総務の年に一度の仕事

お中元・お歳暮、年賀状で円滑な関係を築く

- 発送リストは常に最新にしておく。
- 贈答品は、相手の好みや関係の重要性をよく考えたうえで選ぶ。

贈答品を受け取った後のしくみづくりも

　季節の挨拶やお中元・お歳暮は、ビジネスでは取引先などとの円滑な関係を維持・促進させる役割を持っています（近年はコンプライアンスの観点から廃止する会社も多い）。

　年賀状や暑中見舞いなどを送る場合、**しっかりした送付先のリストづくりが重要です**。前年の実績をもとに一覧表を作成し、それぞれ送付の時期が近づいてきたら一覧表を社内に回覧して、追加や変更、削除などを盛り込みます。

　このリストをもとに、送付先や品物を確定し、挨拶状の作成・印刷、贈答品の購入・発送手配などを進めます。

　相手の好みや取引額、関係の程度を踏まえた贈答品の選び方が大切です。重要な会社や団体には、直接持参して挨拶に伺い、通常の取引先はまとめて業者に、といった発送の使い分けも必要です。

　贈答品の場合、送るだけでなく、受け取ったときの対応も整えておきましょう。受け取りは総務を通すようにして、礼状の文面を用意しておき、すぐに投函できるようにしましょう。受け取りの記録も残します。

挨拶状は遅れると意味がない

　年賀状や暑中見舞いは、**出すタイミングを間違えると、心づかいのつもりが常識のなさを疑われてしまいます**。年賀状は返事も含めて松の内（1月7日）まで、喪中の挨拶には松の内過ぎに寒中見舞いを出すなど、挨拶状の「常識」を身につけておきましょう。

 メールでのやりとりが普及しているが、ビジネスの場では年賀状をメールで出すのは避けたほうが無難。年賀状に比べ、どうしても軽い印象になってしまいがち。

季節の挨拶、１年間のスケジュール

お中元	お歳暮	年賀状など

6月
6月末〜
送付先リストの作成

7月
贈答品、送付方法の選定・発注
7月1日〜15日（関東）、7月15日〜8月15日（関西）に届くように送る（基本）
お中元を受け取ったら、すぐに礼状を出す

暑中見舞いを送る
小暑（7月上旬）〜立秋（8月上旬）の間に届くように送る
● 立秋を過ぎたら「残暑見舞い」とする

8月
暑中お見舞い申し上げます

9月

10月

11月
年賀状発送先リストの作成・確認
● 各部署に追加、削除を確認
● 年賀はがきの購入

11月末
送付先リストの作成

12月
12月1日〜20日ごろに届くように送る
贈答品、送付方法の選定・発注
お歳暮を受け取ったら、すぐに礼状を出す

喪中の連絡があったところをリストからはずす
年賀状の作成、発注
12月15日ごろ
年賀状を発送する

1月
寒中見舞いを送る
松の内以降の返信は、寒中見舞いとする

送っていない人からの年賀状に返信を出す（松の内〈1月7日〉まで）

第一章　総務編　会社の仕事環境をばっちり整えよう

総務の年に一度の仕事

79

総務編 - 総務の年に一度の仕事

社員がいつも元気で働ける環境をつくる

- 1年に1回は健康診断を実施する。
- 社員の心の病気は会社にもマイナス。相談体制の整備など予防措置を充実させる。

社員が常時50人以上の職場には、産業医が必要

　健康管理は自己責任、と思われがちですが、**会社には、心身の健康管理をはじめ、社員に対する安全配慮義務があります**。たとえば、常時雇用する社員や一定の条件を満たすパートタイマーなどは、1年に1回は健康診断を実施しなければなりません。社員が常時50人以上の職場なら、一定の資格を持った産業医を選任する必要が生じます。

　総務は、労働安全衛生法による「安全衛生管理体制」のしくみを理解しておく必要があります。会社の規模や業種により、安全管理者や衛生管理者、衛生委員会などを置き、社員の健康管理に配慮しなければならないのです。

過重労働の防止には労働時間管理の徹底を

　最近では、メンタルヘルス（心の健康を保つこと）の重要性が指摘され、年に1回以上の産業医等による「ストレスチェック」が義務づけられています（50人以上の職場。50人未満の職場は当分の間努力義務）。

　社員の心の病気は、作業効率の低下や長期休業など、会社にとっても大きなリスクとなります。根本的に解消しなければ、何度も繰り返されることにもなるでしょう。相談体制を整えたり、カウンセラーや医師ら専門家との連携を強化することが望まれます。心の変調を訴える社員には、休養（休職）を柱にした治療体制、さらには慎重を期した復職制度なども整えておくべきです。

　心の問題の多くは過重労働が背景にあります。残業時間など、社員全体の働き方に目配りを欠かさず、労働時間管理の徹底が欠かせません。

> **これはNG** 働き方改革により、産業医の社員の健康に対する「勧告」は放置できなくなった（→14ページ）。衛生委員会などに報告が義務化、必要な措置を取る努力が求められる。

社員の「心の健康」を守る

会社が実践する4つのメンタルヘルスケア

1 社員自身で行う
（セルフケア）

会社は、社員にストレスに対する正しい知識を提供し、早期にストレス状態に気づいて対処できるよう支援する。

2 上司や管理者が行う
（ラインによるケア）

上司などが、職場の環境や社員の疲労や負担を把握し、社員からの相談対応を行う。

3 社内の保健関係スタッフが行う
（専門の社内スタッフによるケア）

産業医や衛生管理者、保健師などが、セルフケアやラインによるケアが効果的に行われるよう支援する。

4 社外の専門家などに依頼して行う

社内に専門スタッフを雇えない場合など、メンタルヘルスにかかわる公的機関、民間機関、医療機関などから情報提供や助言を受けたり、サービスを活用する。

対応のルールをはっきりと定めておく

休職についての規定を明確にする
- 衛生管理者など、健康管理の責任者の指示にしたがう義務を明記する。
- 休職事由となる欠勤は、同一の疾病であれば連続しない場合も通算できるなど、柔軟な設定にしておく。
- 休職中の病状の報告義務を明記する。

復職後の受け入れ体制を整える
- 本人の意思、主治医の「職場復帰の診断書」と会社の指定医の判断により、職場復帰の適否を決定する。
- 職場復帰プラン（復帰日、業務上の配慮など）を作成する。
- 復帰支援のスタッフを決め、復帰後はこまめにプランを見直していく。

第一章 総務編 会社の仕事環境をばっちり整えよう

総務の年に一度の仕事

防災管理

総務編 – 総務の年に一度の仕事

平常時の備えが非常時にものをいう

ポイント&ナビ
- 総務が主導して、安否確認、外部連絡など担当者を決めておく。
- 実践的な防災訓練を定期的に行う。

「誰が何をするのか」を具体的に決めておく

会社の防災対策は、緊急時の体制づくりから始まります。通常、社長や役員をトップに、その下に役割分担で決めた各担当の社員を配置します。社員やその家族の安否を確認する担当、会社の建物や室内の備品などの被害状況を確認する担当、取引先や行政機関など外部との連絡をとる担当など、**地震、火災など、具体的なケースを想定し、それぞれに対する具体的な役割を決めておきます**。緊急時に機能するためには、各担当の責任と自覚が欠かせません。

社内の連絡網も、どんな災害のとき、誰が、誰に、何を連絡するのか、つながらないときはどうするのか、詳細に決めておく必要があります。電話の不通に備え、パソコン（モバイル）のメールや携帯電話のメールアドレスも（プライバシー保護の範囲内で）併記しておくと安心です。

災害対策マニュアルには緊急連絡先を加える

各担当はそれぞれの役割を果たすだけでなく、**横の連携も密にとり、情報などはできるだけ迅速に、全社で共有することが求められます**。また、日ごろから、国や自治体、関連する専門家の組織や団体など、緊急時の情報入手先をまとめておきましょう。

災害対策のマニュアルには、自社内の支店網、取引先や関係機関、地元自治体、近隣の医療機関などの連絡先等も記載しておきましょう。

いざというときにも落ち着いて行動できるように、実践に即した形での防災訓練を、定期的に積み重ねることが重要です。

ひとくちMEMO　職場のコロナ対策　コロナ感染予防対策では、消毒液の設置や換気、マスク着用の徹底などのほか、正確な情報収集に基づく職場環境づくりや通勤に関する配慮・変更などが求められる。

災害の備えは、総務がこまかく管理する

危機管理体制を整備する
- 非常時の役割分担と指揮系統を決めておく（被災状況の把握、社員や家族の安否確認、顧客対応、避難誘導など）。

避難場所を確認する
- 避難場所や集合場所（および経路）を決めて周知しておく。
- 帰宅困難者支援の対策を講じておく。

災害用常備品を整える
- 3日～1週間程度の水や食料を備蓄する（飲料水は1人当たり1日3ℓが目安）。
- 負傷者の救出や応急手当のための資材は、持ち出しやすい場所に保管する。
- 危険物などを扱う業種では、その安全管理を徹底する。

社員連絡網を整備する
- グループ分けをして、迅速に連絡できるようにするとともに、情報が1か所に集約できる構成とする。
- 電話回線が使えないケースも想定し、社員は2か所以上の連絡先を登録する。

 +αコラム　職場のハラスメント対策は欠かせない

社員が働きやすい職場環境の整備には、ハラスメント対策（防止対策の明確化と周知・啓発、相談体制の整備、被害者へのケアや再発防止など）が欠かせません。セクシュアルハラスメント（セクハラ）やマタニティハラスメント（マタハラ。妊娠、出産、育児・介護休業に対するハラスメント）、パワーハラスメント（パワハラ）には、会社に防止措置が義務づけられています[*]。

＊中小企業のパワハラ防止措置は2022年4月から義務づけ。

第一章　総務編　会社の仕事環境をばっちり整えよう

総務の年に一度の仕事

総務の仕事・達成度チェックリスト

第一章を読んで実際に仕事を始めたら、
定期的に次の項目をチェックしましょう。
すべてにチェックが入るようになれば一人前です。

- ☑ 社内文書、社外文書は、ケースごとのフォーマットをつくっている。
- ☑ 頭語・結語など、手紙文のマナーやルールに迷わない。
- ☑ 自信を持って敬語を使える。
- ☑ いつのどんな書類が、どこに保管されているかすぐわかる。
- ☑ 重要書類のセキュリティ対策は万全だ。
- ☑ 取引先名簿は定期的に更新している。
- ☑ 文房具などの消耗品は、無駄遣いをなくす手立てを講じている。
- ☑ 社内の消耗品や備品について、どこに何があるか把握している。
- ☑ 自社の株主総会の手順とその意味を理解している。
- ☑ 月単位、年単位で、いつどんな業務を行うか把握している。

さあ、いくつチェックを入れられたかな？

すべてにチェック ➡ 総務担当者として一人前。こわいのは慢心。油断せず、スキルアップを心がけましょう。

チェックが5つ以上 ➡ 順調な成長ぶり。日々の精進でもうすぐ一人前です。

チェックが5つ未満 ➡ できることは着実に増えてきています。いっそうの努力で一人前を目指しましょう。

労務編

社員の手続きとルールをソツなく実践しよう

2

項目	ページ	項目	ページ
労務の仕事のまとめ	86 〜 91	育児・介護休業給付	130
労働基準法	92	社会保険	132
就業規則	94	労災の給付申請	134
勤怠管理	96	労災保険	136
休日	98	社会保険手続き	138
時間外労働	100	給与計算	140
サービス残業と過労死	102	社会保険料	142
年次有給休暇	104	労働保険料	144
新入社員の手続き	106 〜 111	源泉徴収	146
パート、アルバイト	112	住民税の特別徴収	148
退職の手続き	114 〜 119	社会保険の定時決定	150
マイナンバー制度	120	労働保険の年度更新	152
解雇	121	給与改定	154
退職金	122	賞与の計算	156
定年	124	募集	158
失業給付	126	就業規則の変更	160
健康保険の給付	128		

労務の仕事

労務編 - 労務の仕事のまとめ

法令を理解し各種手続きを実行しよう

ポイント&ナビ
- 快適な職場環境づくりは、営業活動の根幹を支える重要な仕事。社員の「やる気」にも大きくかかわる。
- コミュニケーション力、調整力も求められる。

「ヒト」に関する仕事を行う

　会社を経営していくうえで欠かせない3つの要素として、「ヒト、モノ、カネ」があげられます。なかでも、要(かなめ)になるのが「ヒト」です。すぐれた商品、潤沢な資金を持っていても、人がいて、使いこなさなければ、利益には結びつきません。最近では、会社にとって人こそが財産という意味の「人財」という言葉も定着してきました。

　労務の仕事とは、**業務にマッチする質の高い人材の採用や、評価や勤怠(きんたい)管理の業務に携わるとともに、すべての社員が能力を最大限に発揮できるよう、職場環境を整えること**です。具体的には、社員の給与支払いや社会保険事務を中心に、募集や人事考課、入退社の手続きなどをこなします。労務がずさんな会社は、魅力的な職場とはならないでしょう。

自らを律し、人と人との間に立つ

　大きな会社では、採用や社員の評価を行う人事部が独立している場合もあるでしょう。小さな会社では、人事はもちろん、総務や経理と一体化していることも一般的です。身につけるべき関連法令や会社のルール（就業規則など）は、多岐にわたります。**学びながらも、無駄なくすばやく仕事を進めるための自己管理能力が必須です。**

　給与や人事評価といった重大な個人情報を扱うため、労務担当者には高い信頼性が求められます。経営者と社員、上司と部下の間に立って、調整をはかるケースも発生するため、コミュニケーション力や調整力も要求されます。

> **ひとくちMEMO**　**OJT（On the Job Training）**　業務を通じて知識や技術を習得する教育訓練。部門ごとに社内で教育担当者を任命し、実際の業務に関する知識を教える。

労務ってどんな仕事？

労務とは ▶ 社員や従業員にかかわる業務を行う。募集、給与支払い、社会保険、入退社手続きなど。

人事にかかわる仕事

- 募集、採用業務にかかわる。
- 社員やパートタイマーの入退社事務を行う。
- 就業規則の作成、見直しを行う。
- 人事考課業務にかかわる。
- 社員の教育業務にかかわる。

手続きにかかわる仕事

- 社員の勤怠管理を行う。
- 社員の社会保険の手続きを行う。
- 社員の労働保険の手続きを行う。
- 労働時間や年次有給休暇の管理を行う。
- 社員の結婚、出産、病気やケガなどに伴う手続きを行う。
- 給与の計算、支払い事務を行う。

第二章 労務編　社員の手続きとルールをソツなく実践しよう

労務の仕事のまとめ

労務編 - 労務の仕事のまとめ

給与計算を軸にスケジュールを組み立てる

- 「いつ仕事が集中するか」をはっきりつかむ。
- 給与計算、支払い業務を正確かつスピーディーにこなせることが第一歩。

労務の1年間の仕事・一覧表（例）

月ごと、年ごとの業務

	4月	5月	6月	7月	8月
	給与の計算、支払い事務 新入社員研修 組織変更などに伴う事務	給与の計算、支払い事務	給与の計算、支払い事務 賞与の計算 労働保険の年度更新（6/1～7/10） 採用選考	給与の計算、支払い事務 社会保険の定時決定（7/1～7/10まで） 労働保険の第一期納付（7/10） 賞与の支給	給与の計算、支払い事務

日常の業務

社員の勤怠管理

年次有給休暇の事務

入退社にかかわる事務

社員の病気やケガへの対応

社員の結婚、出産、住所変更などの事務

88

労務の仕事は、毎月の給与の計算と支払い事務が軸です。遅れやミスの許されない仕事ですが、毎月の業務量や手順はあまり変わらないため、予定は立てやすいでしょう。まず、毎月の業務内容を整理して、例年の社員採用など他の業務と重ね合わせ、仕事が集中する時期をつかんでください。社員の退職など、随時発生する突発的な出来事にも対応できるよう、**できるだけ業務を分散させておくことが必要です**。**年間の予定は、一覧表などで可視化し**ておくとよいでしょう。

社会保険では、年に一度、保険料のもとになる標準報酬月額が変わります。労働保険の保険料は1年分または3回に分割して納付します。こうした作業ポイントも、しっかりつかんでおきましょう。

9月	10月	11月	12月	1月	2月	3月
給与の計算、支払い事務	労働保険の第二期納付 10/31まで 給与の計算、支払い事務	賞与の計算 給与の計算、支払い事務	賞与の支給 給与の計算、支払い事務	労働保険の第三期納付 1/31まで 給与の計算、支払い事務	人事評価の準備、教育計画の策定 給与の計算、支払い事務	定期採用の募集開始 給与改定、給与の計算、支払い事務 法改正に伴う就業規則などの見直し 労使協定の更新、届け出 新入社員の入社準備

第二章 労務編 社員の手続きとルールをソツなく実践しよう

労務の仕事のまとめ

労務の仕事は「いつまでに」がはっきり決まっているものが多い。カレンダーを確認しながら、遅れないように注意しなければならない。

労務の心がまえ

労務編 - 労務の仕事のまとめ

皆がやる気を出せる職場環境をつくろう

ポイント&ナビ
- 法改正など新しい情報を常にチェックする。
- 社員に関する情報は、緊張感を持って扱う。
- 社内の人と人とをつなぐ役割を務める。

インプットとアウトプットの質を上げる

　労務担当者となった場合、給与計算をはじめ、**社員にかかわる多種多様の事務手続きを、正確かつスピーディーに処理することが最初の目標です**。

　そのためには、仕事のインプット、アウトプットに敏感であることが必要です。インプットとは、法律の改正など、業務に関係する情報に関心を持ち、常に最新情報に触れることです。アウトプットとは、社員の個別の情報を扱って、実際に、各種事務手続きを行うことです。

　インプットを怠れば、事務処理に齟齬が生じ、社員に不利益をもたらしかねません。アウトプットをぞんざいに扱えば、社員からの信頼をそこない、紛争に発展することも起こります。

社員とのコミュニケーションをしっかりとる

　そのうえで、**労務担当者は、経営者と社員、上司と部下、部署と部署などの橋渡し役を求められます**。労務は人と人との接点となるポジションだからです。

　給与に直結する人事評価はもちろん、教育、配置（異動）など、社員の誰もが100％満足できる内容にすることは困難です。しかし、普段から社内でのコミュニケーションをしっかりとり、社員の代弁者として経営者に提案し、ときには会社の方針を社員に上手に伝える伝達者として、双方から信頼される関係を築きたいものです。

　いずれにしても、社内の労働環境を向上させ、それを利益に結びつけていくという、労務の大目的を常に意識しておきましょう。

ひとくちMEMO　**Off JT（Off the Job Training）**　実際の業務から離れて集団研修などを受けさせるような教育訓練をいう。部門を超えた業務知識などを教える。

労務の仕事、心がまえ3か条

1 会社と社員の橋渡し役と心得る

会社の「ヒト」を扱う労務は、経営者の考え方と、社員の希望や不満の両方に接するポジションです。社員が働きやすい環境づくりを常に念頭に置いて、行動しましょう。

2 書類やデータは丁寧に扱う

履歴書などの応募書類、社員の個人情報データなど、取り扱いに注意を要する書類やデータが集まります。管理を万全にして事故を未然に防ぎましょう。
社員の個人番号（マイナンバー）には、特に厳格な管理が求められます。

3 法改正情報に常にアンテナを

労働基準法をはじめ、労働関係の法律は多岐にわたり、毎年さまざまな改正が行われます。内容によっては、早期に全社をあげて取り組む必要があることも。新聞、ネットなどにより、情報収集を怠らないことです。

第二章 労務編 社員の手続きとルールをソツなく実践しよう

労務の仕事のまとめ

知っておきたい労務知識❶ 〈労働基準法〉

労働基準法は労働者を守るための法律

派遣社員やパートタイマーも守られている

　会社（使用者）と社員（労働者）は、労働契約（→106ページ）によって結ばれています。しかし、社員は会社に対して弱い立場であるため、社員を守るさまざまな法律がつくられています。その中心となるのが労働基準法です。

　労働基準法には、賃金や労働時間など、さまざまな労働条件の最低基準が定められており、例外なく守らなければなりません。**労働基準法に反する労働契約が発覚した場合、その労働契約は無効となり、同法による基準まで引き上げなければなりません。**

　労働基準法の対象は「会社に使用され、賃金が支払われる者すべて」です。正社員だけでなく、契約社員やパートタイマーなども含まれます。また、課長や部長などの管理職も、原則として労働者として保護される立場です。ただし、広く権限を与えられるなど、「管理監督者」として認められた

労働者を守る法律は多岐にわたる

労働条件の基準

労働基準法
労働安全衛生法
最低賃金法
パートタイム・
有期雇用労働法
労働契約法
など

雇用の安定

労働施策総合
推進法
職業安定法
高年齢者雇用
安定法
労働者派遣法
など

労働者の福祉

労働者災害補償
保険法
中小企業退職金
共済法
育児・介護休業法
男女雇用機会
均等法
など

労使関係

労働組合法
労働関係調整法
など

場合、労働時間などの保護の対象から外れることもあります。

　労働基準法は「知らなかった」ではすまされません。労働環境を整え、労使間のトラブルを避けるためにも、労務担当者は、まずこの法律の勉強が不可欠です。改正情報にもアンテナを立てておきましょう。

違反には懲役刑や罰金刑もある

　労働基準法が守られているかどうかを、監督・指導するのが労働基準監督署です。立ち入り検査などで、労働基準法違反が見つかった場合、監督署による指導を受けたり、場合によっては、懲役刑や罰金刑を含む罰則を受けることになります。たとえば、女性であることを理由に賃金で差別待遇をした場合、6か月以下の懲役または30万円以下の罰金となります。

　そのほか、労働基準監督署では、労災保険の給付、労働相談なども行っています。労務担当者として、労働基準監督署とやりとりすることもありますから、管轄の労働基準監督署やその組織を把握しておきましょう。

労働基準監督署の仕事

労働基準監督署

労働基準法をはじめとする労働法に基づき、労働保険の加入手続き、就業規則や労使協定の届け出受理、労災保険の認定・給付、労働条件の確保・改善の指導、安全衛生の指導、労働法違反の摘発、労働者からの相談業務などを行う。

事業所への立ち入り調査（臨検監督）や、悪質な場合、使用者などの送検（地方検察庁への送致）を行うこともできる。

就業規則

労務編 - 労務の基本と日常業務

自社の「就業規則」はしっかり読み込もう

- 就業規則は会社の「法律」。
- 社員がいつでも見られるようにしておくことが必須。
- 労働基準監督署に届け出が必要。

パートやアルバイトにも作成が必要になる

会社を運営していくうえでの「法律」に当たるのが、就業規則です。就業規則には、**給与や労働時間といった基本的な労働条件から、守るべき職場の規律や、懲戒など、さまざまなルールが明文化**されています。

常時10人以上の人を雇っている会社（事業所ごと）では、必ず就業規則を作成し、労働基準監督署に届け出なければいけません。この10人には、正社員だけではなく、契約社員やパートタイマー、アルバイトなど、「会社に使用され、賃金が支払われている」労働者すべてが含まれます。

ただし、雇用形態によってルールが異なる場合もあります。そのため、正社員用、パートタイマー用など、それぞれの就業規則を作成しておきましょう。

就業規則の内容は会社がつくりますが、社員に意見聴取し、労働基準監督署に届け出る必要があります。社員は就業規則にしたがう義務があり、したがわない場合、懲戒の対象になることもあります。

誰でも、いつでも見られることが条件

就業規則には、必ず「労働時間、休日」「賃金」「退職、解雇の事由」に関する事項を入れなければなりません。その他、退職手当や一時金、安全・衛生、職業訓練、災害補償、服務規律など、会社ごとの定めを盛り込みます。

就業規則は、**社内の誰もが、いつでも見られるようにしておくことが義務づけ**られています。文書にして配布したり、社内ホームページで公開して周知するのも1つの方法です。

> **ひとくちMEMO　退職金規程など**　就業規則に入れるには分量が多くなりすぎるような項目は、別に独立させてまとめる場合もある。（例）賃金規程、退職金規程など。

就業規則には会社のルールが定められている

必ず記載しなければならない事項（絶対的記載事項）

労働時間や休日・休暇について
始業・終業時刻、休憩時間、休日・休暇、交替制勤務の場合の交替時間や交替順序など。

賃金について
賃金の決定方法、計算方法、支払い方法、賃金の締切日、支払いの時期、昇給の条件など。

退職について
任意退職、解雇、定年退職、契約期間満了による退職など。

その他、業務上の遵守事項（服務規律）、社是、社訓、企業理念などは、記載するかどうか自由に決められる（任意的記載事項）。

ルールがある場合、記載しなければならない事項（相対的記載事項）

退職金の事項／臨時の賃金や最低賃金額／食費、作業用品など、社員負担に関する事項／安全・衛生に関する事項／職業訓練に関する事項／災害補償や業務外の傷病扶助に関する事項／表彰、制裁の種類や程度の事項／その他、社員すべてに適用される事項。

就業規則だけではない、会社のルール

労働契約 ……… 社員と会社の間で交わされる個別の労働条件など（→106ページ）。

就業規則 ……… 社員全員に適用されるルール。パートやアルバイトには、別途就業規則をつくるのがのぞましい。

労働協約 ……… 会社と労働組合の間で結ばれたルール。就業規則より優先される。

法令 ……… 会社のルールの根幹。法令を逸脱したルールは認められない。

第二章 労務編 社員の手続きとルールをソツなく実践しよう

労務の基本と日常業務

95

勤怠管理

労務編 - 労務の基本と日常業務

労働時間は法律で決まっている

- 給与を計算するうえでも、正確な把握が必須。
- 法定労働時間の範囲内であれば、会社で自由に決められる。
- ルーズな勤怠管理は、業務に対するゆるみにつながる。

労働時間管理が社員管理の第一歩

社員の出勤と退勤の時刻、遅刻、欠勤、早退などの管理を、勤怠管理といいます。**給与計算や人事考課などを正しく行うための基礎データとなります。**

勤怠管理には、タイムカードが多く使われています。社員自らが出勤、退勤時にタイムカードにその時刻を打ち込み、記録していきます。タイムカードに記された出退勤時間を、賃金計算の締め日ごとに集計します。

制服への着替えが必要な場合のタイムカードを押すタイミングや、現場への直行や直帰、出張の場合の処理ルール（後日、業務日報で詳細を報告し、上司のサインをもらうなど）などは、明確に決めておきましょう。

働き方改革により、すべての従業員に対する労働時間の適切な把握が義務づけられました（→14ページ）。今後はよりしっかりしたルールづくりが必要です。

「法定」労働時間と「所定」労働時間は違う

労働基準法で定められた労働時間を「法定労働時間」といいます。原則として**1日8時間以内、1週間40時間以内（休憩時間や通勤時間を除く）**です。法定労働時間の範囲で、その会社が定めた労働時間を「所定労働時間」といいます。

また、休憩時間とは、労働から離れることを保証された時間です。労働時間が6時間を超える場合は45分以上、8時間を超える場合は60分以上を、労働時間の途中に確保しなければいけません。

業態に応じて、右ページのような労働時間のルールを採用することもできます。いずれも就業規則への明示が必要です。

ひとくちMEMO　休憩の自由使用の原則　社員は休憩時間を自由に使えるということ。会社が、休憩時間の過ごし方を指示したり、外出や持ち場から離れることを禁じることはできない。

法律による労働時間の基本ルール

	労働時間	休憩	労働時間
月			1日8時間が上限
火			
水			
木			
金			
土	休日		
日	休日		

➡ **週合計 40 時間が上限**

- 1日の労働時間を短くして、6日間出勤も可。
- 休日の曜日は土日でなくてもよい。
- 休憩時間は労働時間に含まない。
- 労働時間が6時間以下なら、休憩時間はなくてもよい。
- 上限を超えて働かせる場合、事前に社員との協定（労使協定）が必要。そのうえで割増賃金を支払うこと（→100ページ）。

労働時間のルールは業務の特性に応じて柔軟に選べる

変形労働時間制

時期により繁閑のある業種では、一定期間内で労働時間を調整できる。

- **1週間単位**＊　1週40時間の範囲内で、特定の日の労働時間を10時間まで延ばせる。
- **1か月単位**　対象期間（1か月以内）の労働時間の平均が1週40時間の範囲内で、特定の日に8時間、特定の週に40時間を超えてもよい。
- **1年単位**　対象期間（1か月超1年以内）の労働時間の平均が1週40時間の範囲内で、特定の日に8時間、特定の週に40時間を超えてもよい。

＊社員30人未満の小売業、旅館、料理・飲食店の事業のみ。

フレックスタイム制

3か月以内の期間（清算期間）で総労働時間を定め、その範囲で社員が始業・終業時刻を決められる。

みなし労働時間制

実際の労働時間ではなく、あらかじめ一定時間を働いたとみなす。

- **事業場外労働**　外回りの営業など、労働時間の管理が困難な場合。
- **裁量労働制**　業務の性質上、業務遂行の内容を社員にゆだねる必要がある場合。研究職、プロデューサーなどの「専門業務型」と、企画、立案、調査などの「企画業務型」がある。

第二章　労務編　社員の手続きとルールをソツなく実践しよう

労務の基本と日常業務

労務編 - 労務の基本と日常業務

休日

少なくとも週に一度は休日にする

- 休みを事前に振り替えるのが「振替休日」、事後に与えるのが「代休」。
- 休暇は原則として無給となる（年次有給休暇を除く）。

代休には割増賃金が必要になる

　労働契約上、労働の義務のある日を「労働日」、義務のない日を「休日」といいます。労働基準法により、休日は少なくとも週1日必要です（法定休日）。特に日曜日である必要はありません。祝日や土曜日も休日にする会社が一般的ですが、これらは法定外休日といい、会社の方針などで設けられている休日です。

　法定休日の労働は、休日労働（→100ページ）となり割増賃金が発生します。事前に休日を他の労働日に振り替えておくと（振替休日）、割増賃金の必要はありません。ただし、振替休日の実施には、事前に就業規則の定めが必要です。なお、土曜日など法定外休日の労働は、週の労働時間40時間を超えていなければ割増賃金の対象になりません。

　事前の手続きなしに法定休日に仕事をさせて、後日の労働日を休みとする場合は「代休」となります。仕事をさせた法定休日について割増賃金が必要です。

年次有給休暇や産前産後休暇は「法定休暇」

　休日のほかに、「休暇」があります（→右ページ）。休暇にも休日同様、法定休暇と法定外休暇があります。法定休暇は、年次有給休暇（→104ページ）や産前産後休暇、生理休暇、育児・介護休業（→130ページ）など、法定外休暇は、病気休暇や慶弔休暇、結婚休暇、リフレッシュ休暇などです。法定外休暇は設けなくてもかまいません。

　年次有給休暇を除いて、休暇中は賃金を支払う必要はありません。ただし、社員への福利厚生を充実させるため、一部の休暇を有給にしている会社もあります。

ひとくちMEMO　**変形週休制**　法定休日は1週間に1日以上が原則だが、業態により、4週間に4日以上の休日とすることができる。ただし、1週間に40時間以内の労働時間は厳守すること。

休日は入れ替えられる

振替休日

事前に振替日を設定して、休日と労働日を入れ替える。

▼▼▼

同じ週の振り替えなら所定労働時間は変わらないため、割増賃金（→100ページ）は発生しない。なお、振替休日の実施には、就業規則への定めが必要。

休日	労働日	労働日	労働日	労働日	労働日	労働日
日	月	火	水	木	金	土

労働日	労働日	休日	労働日	労働日	労働日	労働日
日	月	火	水	木	金	土

就業規則で自社のルールを確認しておこう。

代休

休日に働いたため、代わりに労働日に休日をとる。

▼▼▼

休日の労働は休日労働となり、割増賃金が発生する。

休日	労働日	労働日	労働日	労働日	労働日	労働日
日	月	火	水	木	金	土

休日労働　代休

労働日	労働日	休日	労働日	労働日	労働日	労働日
日	月	火	水	木	金	土

第二章 労務編 社員の手続きとルールをソツなく実践しよう

労務の基本と日常業務

労務 Q&A

Q 休日と休暇は何が違う？

A 休日は、そもそも労働義務がない日です。休日労働には、割増賃金が必要です。休暇は、労働義務がある日に、本人の申請などによって休む日です。そのため、休暇を返上しての労働は割増賃金の対象になりません。

時間外労働

労務編 - 労務の基本と日常業務

時間外労働は25％以上の割増賃金を支払う

ポイント&ナビ

- 時間外労働には労使間の取り決め（三六協定）が必要。
- 割増賃金は法定労働時間を超えた時間が対象。
- 時間帯などにより割増率は異なる。

労使間で取り決め、労働基準監督署に届け出る

　1日8時間、1週40時間以内の法定労働時間を超えた部分の労働を「時間外労働」といいます。**社員に時間外労働をさせるためには、事前に労使間で取り決めを行い、労働基準監督署に届け出て、就業規則に明示することが必要です。**

　労使間の取り決めを労使協定といい、労働組合または労働者の代表者との間で、書面により行います。この労使協定を「三六協定」といいます（時間外労働が、労働基準法第36条に定められていることから）。なお、時間外労働（残業時間）には「原則月45時間、年360時間」という上限ルールがあります*。

通常の賃金の25％以上を上乗せする

　社員に時間外労働や休日労働、深夜労働（午後10時～午前5時）をさせた場合、通常の賃金に上乗せした割増賃金を支払う必要があります。

　時間外労働には賃金の25％以上、休日労働には35％以上を上乗せします。深夜労働が加わった場合は、さらに25％以上を上乗せします。

　時間外労働の計算は、通常の賃金を時間当たりの金額に換算して行います。たとえば、1時間当たりの賃金が1000円の場合、時間外労働では1250円、深夜労働に及んだ場合1500円の支払いとなります。

　時間外労働の増加は、会社にとってコスト増というデメリットを生みます。無駄を省いて効率化をはかるなど、むやみに残業を増やさない努力が大切です。

　なお、月60時間を超える時間外労働の割増率は50％以上です。中小企業は適用が猶予されていましたが、2023年4月から適用されます。

> **ひとくちMEMO　残業の上限規制の経過措置**　本文中の時間外労働ルールは法制化されているが、自動車運転業務、建設事業、医師などは施行（→13ページ）から5年間適用が猶予されている。

＊臨時的な特別の事情がある場合も、①年720時間以下、②月100時間未満、③複数月平均80時間以下（②③は休日労働含む）。また、月45時間を超えられるのは年6か月まで。

残業の割増賃金は25％増し

9:00	休憩時間 （1時間）↓	18:00	22:00

法定労働時間 — **時間外労働** — **深夜労働**

法定労働時間内なら、所定労働時間（会社で定めた労働時間）を超えていても、割増賃金は発生しない。

時間外労働 → 割増賃金が必要
深夜労働 → 割増賃金が必要

割増賃金の計算

1時間当たりの賃金 × 対象となる労働時間 × 割増率 = 割増賃金

1か月の賃金 ÷ 1か月の平均所定労働時間

注・以下は賃金に含めなくてよい。家族手当、通勤手当、別居手当、子女教育手当、一律でない住宅手当、臨時に支払われた賃金、賞与（1か月を超える期間ごとに支払われる給与）。

時間外労働	**25**％以上＊
深夜労働	**25**％以上
休日労働	**35**％以上

＊時間外労働が月60時間以下の場合。

時間外労働と深夜労働の区別をしっかりつけよう。

Check!
次のケースもおぼえておこう

時間外労働で、深夜10時以降
50％以上（25％＋25％）

休日労働で、午後6時以降
35％以上
（休日労働には時間外労働分は加算されない）

休日労働で、深夜10時以降
60％以上（35％＋25％）

第二章 労務編 社員の手続きとルールをソツなく実践しよう

労務の基本と日常業務

101

知っておきたい労務知識 ❷ 〈サービス残業と過労死〉

社員の健康を守るためにも
労働時間管理は重要

過重な仕事が続いて発症、死に至ることも

適正な割増賃金が支払われないサービス残業や、割増賃金を避けるために、相応の権限のない、名ばかり管理職を置くことが横行しています。こうした過重な労働が積み重なると、社員の健康を害することにつながります。最悪の場合、過労死に至るケースもあります。

厚生労働省では、**仕事が主な原因で、心筋梗塞などの虚血性心疾患や、脳梗塞などの脳血管疾患を発症、死に至ったケースを「過労死」としています**。

業務上の肉体的・精神的疲労の蓄積が引き金であるため、過労死のなかには労災保険（→134ページ）の対象となるケースもあります（→右ページ）。

これらの直接、間接の原因になり得るのが、サービス残業であり、その結果としての（1か月に残業が100時間を超えるような）長時間労働なのです。

労働安全衛生法を守り、メンタルヘルス対策も十分に

過労死の原因は、心筋梗塞などの身体疾患だけとは限りません。労災認定では難しい面もありますが、**うつ病をはじめとする精神疾患が多くの自殺の背景となっており、過労死の原因疾患として注目されています**。

そもそも会社（事業者）は、労働安全衛生法により「職場における労働者の安全と健康を確保する」ことが義務づけられています。会社のメンタルヘルス対策として過重労働を防止することは不可欠です。働き方改革では、勤務と勤務の間に一定以上の休息時間を設ける「勤務間インターバル制度」が努力義務となりました（→14ページ）。

人件費を抑え、利益を追求することはもちろん大切ですが、社員の安全や、健康で働ける環境が最優先です。労働時間を適正に管理し、社員の心身の安全と健康を守ることが、持続可能な会社運営には欠かせないのです。

過労死として労災認定される基準（厚生労働省）

認定の要件

1 発症直前までに、発生状態を時間的・場所的に明確にできる異常な出来事（著しい精神的負荷、身体的負荷）に遭遇した。

2 発症に近い時期に、特に過重な業務についていた。

3 発症前の長期間にわたって、著しい疲労の蓄積をもたらす特に過重な業務についていた。

対象となる疾病

脳血管疾患
脳内出血、くも膜下出血、脳梗塞、高血圧性脳症など

虚血性心疾患など
心筋梗塞、狭心症、心停止、解離性大動脈瘤など

正しく労働時間を管理することが大事なのね。

過重な業務と判断される労働時間の目安

発症前1か月〜6か月
時間外労働が1か月当たり45時間を超えて長くなるほど、業務と発症との関連性が少しずつ高まる。

発症前2か月〜6か月
時間外労働が1か月当たりおおむね80時間を超える場合、業務と発症との関連性が高い。

発症前1か月
時間外労働がおおむね100時間を超える場合、業務と発症との関連性が高い。

第二章 労務編　社員の手続きとルールをソツなく実践しよう

労務の基本と日常業務

労務編 - 労務の基本と日常業務

使わない有給休暇は2年で時効になる

- 出勤率や勤続期間を確認する。
- パートタイマーやアルバイトにも権利がある。
- 原則として、社員が希望する日に取ることができる。

勤続期間に応じて、10日～20日以上の休暇を与える

入社から6か月が過ぎた時点で、**労働日の8割以上出勤した（出勤率8割以上の）社員には、10日以上の年次有給休暇を与えなければなりません**。その後、1年ごとに、勤続期間に応じた休暇日数を与えます。

年次有給休暇は社員だけでなく、パートタイマーやアルバイトなど、会社に雇われているすべての人に与えます。休暇日数は、1週間の労働日数などにより異なります。なお、出勤率の計算には、業務上の病気やケガで休んだ日、産前産後休暇期間、育児・介護休業期間などを、労働日数に含めます。

忙しい時期の取得は拒否できる？

年次有給休暇は、**社員が希望する日に取らせなければなりません**。退職時に、残った有給休暇をまとめて取得することも、会社は拒否できません。

ただし、繁忙期や、複数名の申請が重なり、必要な労働力の確保が難しいといった正当な理由がある場合に限り、労働者が申請した日を別の日に変更できます（時季変更権）。社員がこれを無視して休むと欠勤になります。

その年に使われなかった有給休暇は、翌年に繰り越しできます。ただし、**権利発生後2年を経過するまでの間に使われなかった日数は、請求の権利を失います**。

なお会社には、**社員に年5日の休暇を取得させることが義務づけられました**（→14ページ）。年次有給休暇の取得率を高めるために、休暇の一部を会社が計画的に決めることができます（年次有給休暇の計画的付与）。労使協定により時間単位の取得も可能です（年次有給休暇の時間単位付与）。

有給休暇取得を理由に、賃金や昇進などで労働者に不利益を与えること、精勤手当・皆勤手当に影響を与えることは禁じられている。また、取得理由を確認することもNG。

年次有給休暇の日数は勤続年数とともに増える

勤続期間	休暇日数
6か月	10日
1年6か月	11日
2年6か月	12日
3年6か月	14日
4年6か月	16日
5年6か月	18日
6年6か月以上	20日

パートタイマーなどの場合

週の所定労働時間が30時間未満で所定労働日数が週4日以下の場合（週の所定労働時間30時間以上、または所定労働日数週5日以上は上図の日数となる）。

週の所定労働日数	4日	3日	2日	1日
年間の所定労働日数	169〜216日	121〜168日	73〜120日	48〜72日
6か月	7日	5日	3日	1日
1年6か月	8日	6日	4日	2日
2年6か月	9日	6日	4日	2日
3年6か月	10日	8日	5日	2日
4年6か月	12日	9日	6日	3日
5年6か月	13日	10日	6日	3日
6年6か月以上	15日	11日	7日	3日

労務Q&A

Q 有給休暇を会社が買い取れるってホント？

A 有効な年次有給休暇を、会社が賃金などに換算して買い取ることはできません。ただし、権利が失われた日数分を会社が買い取ることはできます。退職時に、未消化分の有給休暇を、会社が買い取ることも可能です。

第二章 労務編

社員の手続きとルールをソツなく実践しよう

労務の基本と日常業務

新入社員の手続き❶

労務編 - 労務の基本と日常業務

新入社員の雇用条件は文書にして渡す

ポイント&ナビ
- 労働条件を明らかにして、後の紛争を避ける。
- 誓約書や身元保証書などの提出書類は、会社のルールにしたがう。

　入社する社員には、具体的な労働条件を示す必要があります。**会社が作成して労働条件を通知する「労働条件通知書」や、会社と社員の間で合意のうえ、押印して1通ずつ保管する「労働契約書」などの形式があります。**いずれの場合も、賃金や労働時間、就業場所、契約期間、退職に関する事項は、必ず盛り込む必要があります（絶対的明示事項）。ただし、就業規則に具体的な記載がある場合は、どの条件が適用されるか明らかにしたうえで、就業規則を渡すことでも「労働条件の明示」となります[*]。

　パートタイマーには、労働条件通知書と同様の項目を盛り込んだ「雇入通知書」を渡すのが一般的です。絶対的明示事項のほか、昇給、賞与、退職金の有無、相談窓口（相談担当者の氏名など）も明示しなければいけません。

誓約書や身元保証書を求める場合も

　就業規則や社内のさまざまな規定、上司の命令を守り、秘密は厳守することを約束させるのが誓約書、会社に対する損害や労働契約違反に備え、身元保証人を立てさせるのが身元保証書です。提出の要不要は会社によりますが、後のトラブルを予防するためには、提出してもらったほうがよいでしょう。

+αコラム　試用期間はあらかじめ明示する

　本採用の前には、試用期間を設けることもできます。この場合、その旨を事前に明示して（文書で渡して）おく必要があります。ただし、試用期間中も原則として労働基準法が適用され、同時に社会保険の加入などが必要です。

　また、試用期間終了後、本採用を拒否する場合は相応の理由が必要です。不当な延長も認められません。試用期間開始から14日を超えてからの本採用拒否には、解雇予告や解雇予告手当も必要になります。

[*] 労働条件の明示は、入社する社員が希望した場合、メールやSNS（添付ファイル等）、ファックスを利用することも認められている。

労働条件通知書の例（東京労働局の様式）

この様式は例。必要条件を満たしていれば、会社によって自由な体裁でかまわない。

就業規則や労働基準法などを逸脱した契約内容は、認められません。

次のポイントは必ず記載する（絶対的明示事項）

1. 労働契約の期間
2. 仕事に就く場所、業務内容
3. 労働時間（始業・終業時刻、休憩、休日・休暇）
4. 賃金（決定方法、計算・支払い方法など）
5. 退職について

その他の定めについては就業規則を交付するとよい。

注・昇給のルールも絶対的明示事項だが、必ずしも書面にする必要はない。

第二章 労務編 社員の手続きとルールをソツなく実践しよう

労務の基本と日常業務

労務編 - 労務の基本と日常業務

入社の手続きはもれなくすばやく

ポイント＆ナビ
- 年金手帳、雇用保険被保険者証などを、あらかじめ提出してもらう。
- 健康保険と厚生年金保険の手続きは一括で行う。

社会保険の手続きは入社5日以内

　新しく入社した社員には、健康保険、厚生年金保険などの社会保険や、雇用保険の加入手続きが必要です。

　社会保険の手続きでは、その社員から年金手帳を提出してもらい、「健康保険・厚生年金保険被保険者資格取得届」を、年金事務所か健康保険組合等に提出します。両者の手続きは一体化されており、健康保険に加入して厚生年金保険には加入しない、といった選択はできません。社員に被扶養者がいる場合は「健康保険被扶養者（異動）届」などを、併せて提出します（→110ページ）。年金手帳は提出の必要はありません。手続きは入社5日以内に行います。

雇用保険の手続きは入社月の翌月10日まで

　雇用保険の手続きは、「雇用保険被保険者資格取得届」を、所轄のハローワークに提出します。労働者名簿、賃金台帳、出勤簿（タイムカードなど）、労働契約書など、労働実態がわかる書類の添付を求められる場合もあります。中途採用者には雇用保険被保険者証を提出してもらい、加入手続きの際に添付します。

　手続きは入社月の翌月10日までに行います。なお、労災保険は、会社（事業所）単位で加入しているため、社員ごとの手続きは必要ありません。

　入社した社員が、年金手帳や雇用保険被保険者証を紛失している場合は、それぞれの加入手続きと同時に、再発行の手続きも行う必要があります。

　なお、これらの雇用保険や社会保険の手続き書類には、社員や被扶養者のマイナンバー記載が必要です（→120ページ）。

 これはNG 入社時の手続きは、いくら忙しくても後回しは厳禁だ。限られた期間内に処理することが要求されるので、必要書類をチェックして手早くすませよう。

社員が入社したときの手続き一覧

入社時、社員に必要書類等を提出させる

労務

新しい社員

- [例] 誓約書、身元保証書、卒業証明書、年金手帳、給与所得者の扶養控除等（異動）申告書、マイナンバーカードのコピー＊
- 前職のある人の場合
  →雇用保険被保険者証、源泉徴収票

＊または通知カードのコピーと身元確認書類（免許証など）。

社員に関する台帳などを作成する

労働者名簿、源泉徴収簿、賃金台帳、出勤簿など

健康保険、厚生年金保険、雇用保険の手続きを行う

健康保険・厚生年金保険被保険者資格取得届 →

健康保険被扶養者（異動）届
（被扶養者がいる人の場合）→

年金事務所または健康保険組合等へ
入社から5日以内

雇用保険被保険者資格取得届 →
（1週間の所定労働時間が20時間以上で、31日以上の雇用見込みがある場合、雇用保険の対象となる）

ハローワークへ
入社の翌月10日までに

注・労災保険は事業所単位で加入するため、社員個別の手続きはない。

第二章 労務編　社員の手続きとルールをソツなく実践しよう

労務の基本と日常業務

109

新入社員の手続き❸

労務編 - 労務の基本と日常業務

被扶養者にするには収入の条件がある

ポイント&ナビ
- 年130万円以上の収入がある場合、被扶養者にできない。
- 被扶養者の範囲は、3親等以内の親族。所得税の扶養親族とは異なる。

　入社した社員に被扶養者がいる場合、社員本人とともに社会保険の手続きが必要です。被扶養者とは、主にその社員の収入で生計を維持されている3親等以内の親族です。その基準は下図のように決まっています。2020年4月からは、条件に「原則住民票が国内にあること（国内居住要件）」が加わりました。社員本人の健康保険、厚生年金保険の手続きと同時（入社日から5日以内）に、年金事務所か健康保険組合等に「健康保険被扶養者（異動）届」を提出します。これにより被扶養者は健康保険の適用を受けられます。

　被扶養者が20歳以上60歳未満の配偶者の場合、この書式が「第3号被保険者関係届」として、被扶養者が国民年金の第3号被保険者となる手続きを兼ねることができます（協会けんぽの場合）。加入するのが健康保険組合等の場合は別書式となります。

被扶養者の収入の条件に注意

同居の場合
被扶養者の年収が130万円未満（60歳以上、または一定の障害者なら180万円未満）で、被保険者の年収の1/2未満であること。

別居の場合＊
被扶養者の年収が130万円未満（60歳以上、または一定の障害者なら180万円未満）で、被保険者の仕送り額より少ないこと。

3 被扶養者が配偶者の場合、記入する

氏名、生年月日、マイナンバー、職業、収入（年収）など。「被扶養者になった日」は、健康保険・厚生年金保険被保険者資格取得届と同時に提出する場合、その提出日。

4 その他の被扶養者について記入する

子や親など、氏名、生年月日、続柄、マイナンバーなど。

＊別居の場合、被扶養者になれるのは、配偶者、子、父母や祖父母など直系尊属、孫、兄弟姉妹に限られる。

健康保険被扶養者（異動）届の書き方

1 会社の所在地、名称、代表者の氏名などを記入する

押印は原則不要。

2 被保険者について記入する

氏名、生年月日、マイナンバー、資格取得年月日、収入（年収）など。

Check!

必要書類には次のようなものがある

- 収入の確認のため課税証明書、在学証明書など
- 続柄の確認のため戸籍謄本（抄本）または住民票

注・必要書類の添付は、マイナンバーの記載や会社の事前の確認により省略可。

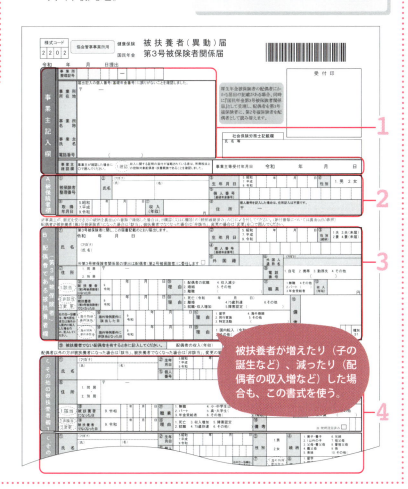

被扶養者が増えたり（子の誕生など）、減ったり（配偶者の収入増など）した場合も、この書式を使う。

第二章 労務編 社員の手続きとルールをソツなく実践しよう

労務の基本と日常業務

111

パート、アルバイト

労務編 - 労務の基本と日常業務

パートの社会保険加入は労働時間次第

- 原則として、適用するルールは社員と同じと考える。
- 社会保険等の加入は、名称でなく労働実態で判断。
- 雇入通知書では雇用期間を明文化する。

社員より労働時間が短いのがパートタイマー

パートタイマーとは、「1週間の所定労働時間が、同じ事業所で雇用されている通常の労働者に比べて短い労働者」です。アルバイトや準社員など名称は違っても、法律上は同じ扱いです。

パートタイマーにも、**正社員と同じように労働基準法などの労働法が適用されます**。年次有給休暇や時間外労働のルールも、社員と同様に適用されます。働き方改革により、パートタイマーだけでなく有期雇用労働者や派遣社員についても不合理な待遇格差は禁止されました。また、非正規社員などから待遇格差について説明を求められた場合には、その理由を説明する義務もあります。

労働条件は雇用時に明らかにしておく

パートタイマーを雇うときは、社員同様、労働条件を明らかにしなければなりません。採用時に雇入通知書（労働条件通知書）を作成・交付し、契約期間、就業の場所、業務内容、就業時間、休日・休暇、賃金などを明文化します。

特に重要なのは契約期間です。**期間終了後に契約の更新があるかどうか、その基準は何か、雇入通知書に明記します**（**最長3年**）。この点を曖昧にしていると、契約の更新や打ち切り（雇い止め）の際、紛争になるおそれがあります。ただし、有期雇用としていても、自動的に契約更新が繰り返されているような場合、雇い止めには正当な理由が求められます[*]。

パートタイマーの社会保険や雇用保険の加入条件は、右ページ図のようになっています。本人の希望や会社の都合で決められるものではありません。

> **ひとくちMEMO　パートタイマーの解雇**　契約期間が残っている間に辞めさせる場合、社員同様、30日以上前の解雇予告や解雇予告手当が必要になる。

[*]また、契約期間が通算5年を超えるパートタイマーは、本人から申し込みがあった場合、有期契約から無期契約に転換しなければならない（正社員と同条件でなくてもよい）。

労働の実態で、加入させるかどうか判断する

厚生年金保険、健康保険の加入

以下の2つの条件に該当する場合、加入が必要になる。

1. 1週間の所定労働時間が、正社員の4分の3以上である。
2. 1か月の所定労働日数が、正社員の4分の3以上である。

注・一定条件を満たす短時間労働者は、週の所定労働時間20時間以上などで加入適用となる（→128ページ）。

雇用保険の加入

以下の2つの条件に該当する場合、加入が必要になる。

1. 1週間の所定労働時間が20時間以上である。
2. 31日以上引き続き雇用されることが見込まれる。

Check!
また、パートやアルバイトでも、所定労働日数により年次有給休暇が発生する（→104ページ）ことに注意しよう。

労災保険の加入

パート、アルバイトなど、雇用形態にかかわらず適用される。手続きは不要。

+αコラム　派遣社員はパートと何が違う？

　パートタイマーは勤務先の会社と労働契約を結びますが、派遣社員が労働契約を結ぶ相手は派遣会社です。賃金の支払いも、休暇の申請や社会保険の加入なども、派遣会社の仕事になります。業務に合った人材を得られますが、派遣会社を通すため、賃金の支払いは割高となります。

　派遣会社との間で取り決めた業務以外の仕事は、原則として頼むことができないといった制約条件があるなど、柔軟性に欠ける面があります。

退職の手続き❶

労務編 – 労務の基本と日常業務

退職者に年金手帳を返し、保険証は回収する

ポイント&ナビ
- 退職者には離職票、源泉徴収票を渡す。
- 年金事務所や協会けんぽ、健康保険組合、市区町村への届け出には期限がある。

　社員の退職の形には、定年、自己都合退職、解雇（会社都合退職）があります。最も多いのは自己都合退職でしょう。**社員は理由にかかわらず退職する自由を持ち、会社は拒むことはできません**。口頭による申し出でもかまいませんが、トラブルを避けるため、退職届（退職願）の提出を求めたほうがよいでしょう。

　法的には、退職の２週間前に申し出ればよいことになっていますが、業務の引き継ぎや後任探しの時間もあるため、退職日はよく話し合って決めましょう。

社員としての資格などを喪失させる

　社員の退職時には、採用したときと同様、さまざまな手続きが必要です。基本的に、次のような手続きが必要になります。

社会保険（健康保険、厚生年金保険）　年金手帳は退職者本人に返却し、本人からは健康保険被保険者証（いわゆる保険証）を回収します。被保険者資格を喪失させる届け出を、年金事務所か協会けんぽ等＊で行います（→116ページ）。

雇用保険　雇用保険の被保険者資格を喪失させる届け出を、所轄のハローワークに行います。このとき、社員退職を証明する「離職票」（→118ページ）の交付を受け、本人に渡します（または郵送）。

所得税関連　退職年の給与や源泉徴収税額をまとめた「給与所得の源泉徴収票」を作成して、本人に交付します。

住民税　住民税の納付状況と退職のため徴収方法が変わる届け出を、社員が住民票を置く市区町村に提出します。

退職金　退職金が支払われる場合、退職所得控除の必要書類として、本人から「退職所得の受給に関する申告書」を提出してもらいます。

> **ひとくちMEMO　退職届と退職願**　退職届は提出時点で退職が決定する（提出後は撤回できない）。退職願の場合、会社が承諾後に退職が決定する（承諾前なら撤回できる）。

＊協会けんぽは「全国健康保険協会」の愛称。会社により、業種などでつくられた「健康保険組合」の場合もある。以下、「協会けんぽ等」の表記箇所は同様。

社会保険、雇用保険、税金…、手続きチェックリスト

年金事務所（または協会けんぽ等）へ

☐ **健康保険・厚生年金保険被保険者資格喪失届**
健康保険、厚生年金保険の資格を喪失させる

> 退職の翌日から
> 5日以内

☐ **健康保険被保険者証**
上の喪失届に添付する

ハローワークへ

☐ **雇用保険被保険者資格喪失届**
雇用保険の資格を喪失させる

> 退職の翌日から
> 10日以内

☐ **雇用保険被保険者離職証明書**
離職を証明する（失業給付受給に必須）

> 退職の翌日から
> 10日以内

市区町村へ

☐ **給与支払報告・特別徴収に係る
給与所得者異動届出書**
退職までの住民税の納付状況などを届け出る

> 退職の翌月10日
> まで

本人から

☐ **退職届**
退職に関する内容を明らかにする

> 退職日までに

☐ **退職所得の受給に関する申告書**
退職金の額や源泉徴収税額などを明らかにする

> 退職金を支払う
> 場合、支払いま
> でに（会社保管）

本人へ

☐ **年金手帳**
次の年金制度加入時に必要になる

> 退職日までに

☐ **離職票-1、離職票-2**
失業給付の受給に必要になる

> 退職後すみやかに

☐ **給与所得の源泉徴収票**
退職までの源泉徴収について明らかにする

> 退職後1か月以
> 内

第二章 **労務**編 社員の手続きとルールをソツなく実践しよう

労務の基本と日常業務

115

退職の手続き❷

労務編 - 労務の基本と日常業務

健康保険と厚生年金の資格を喪失させる

ポイント&ナビ
- 保険証を回収できない場合は「回収不能届」を提出する。
- 退職者が迷わないよう、退職後の健康保険、年金手続きをアドバイスする。

　社員の**退職の翌日から5日以内**には、健康保険証（健康保険被保険者証）を添えて「健康保険・厚生年金保険被保険者資格喪失届」を年金事務所か協会けんぽ等に提出して、健康保険、厚生年金保険の資格喪失手続きを行います。紛失などで健康保険証を回収できなかった場合は、「健康保険被保険者証回収不能届」を代わりに添えます。

　退職後の健康保険は、次の就職先が決まっている場合は、その会社の健康保険に加入します。就職先が決まっていない場合には、以下の選択肢について、退職者に説明をしておきます。

①**会社で加入していた健康保険に個人で加入する（任意継続・退職から最長2年間）**→退職後20日以内にその協会けんぽ等へ届け出る。ただし、保険料はすべて自己負担となる。

②**国民健康保険に加入する**→退職後14日以内に市区町村役場へ。前年の所得で保険料が決まるため、退職の最初の年は保険料が高めになる。

③**家族の扶養家族となる**→その家族の協会けんぽ等へ。保険料負担はないが、収入などに条件あり。

　退職後の年金は、退職後に就職先が決まっていれば、その会社で厚生年金保険の再加入手続きを行います。就職先が決まっていない場合は、退職者本人が国民年金に加入手続きを行います。

提出年月日を記入する。

事業所整理記号、事業所番号を記入する。

会社所在地、名称、代表者名などを記入する（押印は原則不要）。

退職者について正確に記入する。資格喪失年月日は、退職日の翌日になることに注意。標準報酬月額については→142ページ。

健康保険被保険者証を添付できない場合は、「返不能」にその枚数を記入したうえで「健康保険被保険者証回収不能届」を添付する。

「健康保険・厚生年金保険被保険者資格喪失届」は正確さが第一

健康保険被保険者証回収不能届

第二章 労務編　社員の手続きとルールをソツなく実践しよう

労務の基本と日常業務

退職の手続き❸

労務編 - 労務の基本と日常業務

失業給付のため退職者に離職票を渡す

- 「資格喪失届」には、出勤簿や賃金台帳なども添付する。
- 退職理由によって、失業給付の開始時期が異なる。
- 離職証明書には退職者の署名を。

　社員の退職から10日以内には、所管のハローワークに「雇用保険被保険者資格喪失届」と「雇用保険被保険者離職証明書」を作成・提出します。

　提出には、出勤簿（タイムカード）、賃金台帳、退職願（退職届）などの書類を添付します。

　この手続きを行うと、ハローワークから「離職票-1」「離職票-2」が発行されます。いずれも退職者が失業給付を受けるための必須書類なので、すみやかに退職者に郵送などで届けます。

　一般的に失業給付の内容は、会社都合退職に比べ、自己都合退職のほうが、給付開始までの期間が長くなり、失業給付を受けられる日数も短くなります。

　そのため、退職者が、「会社都合にしてほしい」と求めるケースがあります。逆に、会社都合退職は、退職者の再就職に不利となるため、解雇でも自己都合と記入するケースも見受けられます。いずれも、退職者との間で後の紛争の原因になりかねないため、**正しい離職理由を記入しなければなりません。**

雇用保険被保険者離職証明書

3枚つづりになっている。

1枚目（離職票）
→会社保管用

2枚目（離職証明書）
→ハローワーク用

3枚目（離職票-2）
→退職者に渡す

❶ 退職する被保険者や会社の情報を記入する。
❷ 離職日から1か月ずつさかのぼった、12か月分の賃金を記入する。
❸ 退職者本人の署名。
❹ 該当する離職理由に○をする。
❺ 具体的な離職理由を記入する。
❻ 退職者本人の退職理由への異議の有無、署名。

ハローワークには2つの書類を提出する

雇用保険被保険者資格喪失届

1. 退職する被保険者のマイナンバーを記入する。
2. 退職する被保険者や会社の情報を記入する。
3. 退職の年月日、退職理由の区分を記入する。
4. 退職者の氏名、住所、退職の理由などを記入する。

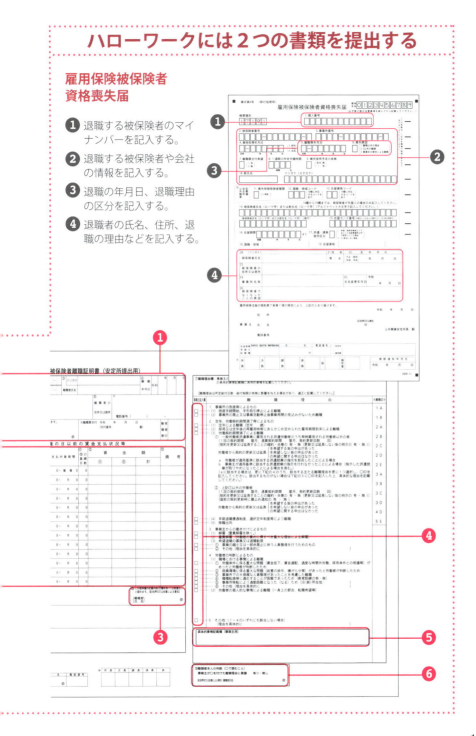

第二章 労務編 社員の手続きとルールをソツなく実践しよう

労務の基本と日常業務

119

知っておきたい労務知識 ❸ 〈マイナンバー制度〉

「マイナンバー制度」
対応を確認

　「マイナンバー制度」は、年金や医療などの社会保障、税金に関連する行政手続きを効率化して、国民の利便性を高めるための制度です。本人の申請により「マイナンバーカード」が交付されています。会社には13ケタの法人番号が通知されています。

　会社が従業員のマイナンバーを収集する際には、本人確認のためマイナンバーカードのコピーなどの提出を求めます。

　マイナンバー制度は、社会保険や税金の手続き全般にかかわります。特にマイナンバーは重大な個人情報であるため、その管理体勢は厳密に整えなければなりません。

こんな書類にマイナンバーが必要になる

社会保障や税務関連書類に、本人や被扶養者のマイナンバーを記載する（マイナンバーが必要な書式には記載欄が設けられている）。

労働保険関連書類
- 雇用保険被保険者資格取得届／喪失届など

社会保険関連書類
- 健康保険・厚生年金保険被保険者資格取得届／喪失届など

税務関連書類
- 給与所得者の扶養控除等（異動）申告書など年末調整書類
- 源泉徴収票（給与支払報告書）、支払調書（本人交付分は記載不要）
- 所得税や法人税の申告書など

知っておきたい労務知識 ❹ 〈解雇〉
解雇ルールは
明確に定めておく

解雇には3つの種類がある

　会社が、一方的に社員との労働契約を終了させるのが「解雇」です。主に次の3つに分けられます。

①**普通解雇**　社員の能力不足や勤務態度不良などによる解雇。
②**整理解雇**　業績不振などによる人員整理（リストラ）のための解雇。
③**懲戒解雇**　企業秩序を脅かす重大な行為などへの制裁としての解雇。

会社が自由に解雇できるわけではない

　解雇は、社員にとって生活を脅かされる重大事です。そのため、法律でさまざまな制約が設けられています。

　まず、**解雇には正当な理由が必要です。正当な理由とは、社会通念上解雇されてもやむを得ないと考えられるかどうかです。**次に、解雇の条件は、就業規則に定めが必要です。正当と認められない、就業規則に定めのない理由による解雇は、解雇権の濫用として無効となる場合も。

　さらに、解雇を行う場合は30日前までに解雇予告を行うか、平均賃金の30日分以上を「解雇予告手当」として支払わなければなりません。ただし、契約期間が2か月以内の人などには不要です。

　また、懲戒解雇で解雇予告手当なしの即時解雇を行うには、労働基準監督署に「解雇予告除外認定申請書」を提出し、認定を受ける必要があります。

　整理解雇については、経営上やむを得ないか、整理解雇を避けるための十分な企業努力が行われたか、解雇の対象者の選別は適切か、労使の十分な話し合いが行われたかなどの条件をクリアしなければ認められません（整理解雇の4要件）。

第二章　労務編　社員の手続きとルールをソツなく実践しよう

労務の基本と日常業務

労務編 - 労務の基本と日常業務

退職金の税金手続きは会社が行う

- 社員から「退職所得の受給に関する申告書」を必ず提出してもらう。
- 住民税は退職金から控除して会社が納める。

多くの会社では退職金制度を設けています。退職金の計算方法は、勤続年数を基礎にするのが一般的でしたが、景気の悪化などから、退職金算定のしくみを見直す会社も多くなっています。社員からの問い合わせに備え、自社の支給条件（勤務年数など）や、支給金額の計算方法などを知っておきましょう。

「申告書」は会社で保管する

退職金には所得税がかかります。その税務の手続きは、原則として会社が行うことになります。**支給時に源泉徴収を行い、翌月10日までに納付します。**退職者には、「退職所得の源泉徴収票」を交付します。住民税も会社で税額を計算して、退職金から差し引き、翌月10日までに市区町村に納めます。退職金には、雇用保険料や社会保険料はかかりません。

退職者には「退職所得の受給に関する申告書」を渡しておき、退職金の支払日までに、提出してもらいます。この申告書の提出がない場合、退職所得控除の計算ができないため、一律20.42％の税金を差し引くことになります。あらためて退職所得控除を受けるには、退職後、本人による確定申告が必要です。申告書は、税務署から提出の求めがない限り、会社で保管します。

中小企業は「中退共」を活用することも

退職金を支払う余裕のない中小企業のために、中小企業退職金共済制度（中退共）という制度が設けられています。会社が、社員1人につき月5000円〜3万円の掛金を支払うことで、退職者に一定の退職金が支給されます。社外積立のため、会社が倒産した場合にも退職金は確保されます。また、掛金は、税務上損金として扱えるため、会社にとってもメリットがあります。くわしくは、中退共ホームページ（https://chutaikyo.taisyokukin.go.jp/）で調べることができます。

退職金からは所得税と住民税を差し引く

所得税の計算

①　課税退職所得金額を計算する

$$\left(\begin{array}{c} \text{退職手当などの} \\ \text{収入金額} \end{array} - \begin{array}{c} \text{退職所得} \\ \text{控除額} \end{array} \right) \times \frac{1}{2}^* = \begin{array}{c} \text{課税退職所得} \\ \text{金額} \end{array}$$

■ 退職所得控除額は勤続年数で変わる

勤続 20 年以下	勤続 20 年超
40 万円 × 勤続年数 （80 万円に満たない場合は 80 万円）	800 万円＋70 万円×（勤続年数−20 年）

*勤続年数5年以下の役員等の退職金は、上記計算式の1/2の適用はない。また令和4年から、役員以外の勤続年数5年以下の退職金では、300万円超の部分に上記1/2の適用がなくなる。

②　所得税額を計算する

課税退職所得金額　×　税率　−　控除額　＝　**所得税額**

■ 所得税の税率（控除額）は所得金額で変わる

注・復興特別所得税（所得税額の 2.1％相当）を上乗せする。

課税退職所得金額	税率	控除額
195 万円以下	5%	−
195 万円超 330 万円以下	10%	9 万 7500 円
330 万円超 695 万円以下	20%	42 万 7500 円
695 万円超 900 万円以下	23%	63 万 6000 円
900 万円超 1800 万円以下	33%	153 万 6000 円
1800 万円超 4000 万円以下	40%	279 万 6000 円
4000 万円超	45%	479 万 6000 円

住民税の計算

①　市町村民税を計算する

課税退職所得金額　×　**6%**　＝　**市町村民税**

②　道府県民税を計算する

課税退職所得金額　×　**4%**　＝　**道府県民税**

③　①と②を合計　市町村民税　＋　道府県民税　＝　**住民税額**

第二章　**労務**編　社員の手続きとルールをソツなく実践しよう

労務の基本と日常業務

労務編 - 労務の基本と日常業務

定年退職の年齢は引き上げられつつある

- 会社の定年ルールや、定年後の継続雇用制度などを理解する。
- 定年後の健康保険、年金の手続きをサポートする。

定年後の再雇用も増えている

　会社で規定した定年年齢に達すると、定年退職となります。定年退職のタイミングは、定年年齢の誕生月の場合やその年度末などの場合があります。まずは、自社の定年ルールを、就業規則などで確認しておきましょう。

　定年年齢は60歳が一般的です。しかし、年金の支給開始年齢の引き上げに伴い（昭和28年4月2日以後生まれの男性から、60歳代前半に無年金期間が生じる）、**会社は、社員が65歳まで働けるような措置を講じることが求められています。具体的な方法としては、定年年齢の引き上げ、継続雇用制度の導入、定年制の廃止などがあります**＊。

　継続雇用制度とは、再雇用や勤務延長など、定年になった社員を定年後も引き続き雇用する制度です。原則として、希望者はすべて対象としなければなりません。しかし、多くの会社では、人件費の問題もあり、65歳までの定年年齢の引き上げや定年制の廃止の導入には慎重です。

定年退職者の不安を解消する

　定年後、退職者は、健康保険や年金など、さまざまな手続きを自分で行わなければなりません。誰もが初めての体験ですから、わからないことばかりのはずです。**いつどんな手続きが必要になるのか、手続きの方法や必要書類など、適切なアドバイスを行いましょう**。定年退職者向けにセミナーを行う場合もあります。

　そのため、労務担当者は、定年退職後の社会保険や年金のしくみについて、よく勉強しておかなければなりません。

> **ひとくちMEMO　高年齢求職者給付金**　65歳を過ぎてから退職して仕事を探す場合の失業給付は、高年齢求職者給付金という一時金（基本手当日額の30日または50日分）になる。

＊2021年4月から、70歳までの就業機会を確保する制度づくりが求められるようになった。

定年退職者に伝える、健康保険や年金のこと

健康保険　退職後は、主に以下の3つから選ぶことになる

1　任意継続被保険者になる

会社の健康保険に引き続き加入する。ただし、保険料は会社負担分がないため、全額自分で支払うことになる。また、加入期間は最長2年間。退職の翌日から20日以内に、年金事務所か協会けんぽ等で手続きする。

2　国民健康保険に加入する

退職の翌日から14日以内に市区町村役場で手続きをして、国民健康保険に加入する。

3　家族の被扶養者になる

収入180万円未満（60歳以上の場合）、扶養者（被保険者）の収入の1/2未満であること。

Check! ポイントは保険料。試算のうえ、比較して選択するとよい。

注・再就職する場合は、その会社の健康保険に加入することになる。

年金（厚生年金保険）　年金受給には請求手続きが欠かせない

「年金請求書」を、年金事務所などへ提出する

60〜64歳の年金は「部分年金」といい、満額の年金の約半分の額。65歳から満額の年金が支給されることになる。

注・昭和28年4月2日以後生まれの男性（昭和33年4月2日以後生まれの女性）は、生年月日により、60〜64歳までの間に無年金の期間が生じる（公務員は女性も男性と共通）。

Check! 再就職する場合は、通常厚生年金保険に加入することになる。働いている間の年金は、給与の金額などに応じて減額される。

 高齢者の給与減には高年齢雇用継続給付を活用

定年後の再雇用や勤務延長では、雇用保険の「高年齢雇用継続給付」を活用できます。60歳以後の賃金がそれまでと比べて75％未満に低下した場合、60歳以後の賃金の15％を上限に、補塡が受けられる制度です。支給額自体を大幅には変えずに、会社の負担が減らせるメリットがあります。

手続きはハローワークで行います。支給には一定の要件があるため、ハローワークや各都道府県の労働局などで確認してください。

知っておきたい労務知識 ❺ 〈失業給付〉

失業者の再就職を支援し、当面の生活を助ける

雇用保険にはさまざまな給付がある

　雇用保険の被保険者や被保険者だった人は、下図のような給付が受けられます。最も代表的なものが、仕事を探している間、失業中の生活を支える「求職者給付」です。なかでも、基本手当（一般に失業給付、失業保険などといわれる）が重要です。

　基本手当は、退職日以前の2年間に、12か月以上雇用保険の被保険者として働いていた人が、失業したときに受けられます。ただし、解雇された人や会社の都合で退職となった人は、退職日以前の1年間に、6か月以上の被保険者期間があれば受けられます。

こんな給付を受けられる

求職者給付

新たに仕事を探す失業者支援のための給付

- 基本手当（求職者に支給）。
- 技能習得手当、寄宿手当
  （公共職業訓練を受ける人に支給）。
- 傷病手当
  （病気やケガで求職活動ができない人に支給）。
- 高年齢求職者給付金
  （65歳以上の求職者に支給）。
- その他、季節労働者への特例一時金、
  日雇労働者への日雇労働求職者給付金など。

教育訓練給付

労働者の能力開発を支援するための給付

- 一般教育訓練給付金、特定一般教育訓練給付金、
  専門実践教育訓練給付金（所定の教育訓練機関
  での講座受講に対して支給）。

就職促進給付

失業者の再就職を支援するための給付

- 就業手当、再就職手当、就業促進定着手当、
  常用就職支度手当（求職者が一定の職につ
  いたときに支給）。
- 移転費、求職活動支援費
  （求職活動の支援として支給）。

雇用継続給付

労働者の雇用継続を支援するための給付

- 高年齢雇用継続給付
  （60〜64歳の労働者の賃金支援として支給）。
- 育児休業給付、介護休業給付
  （育児や介護による休業時の賃金支援として
  支給）。
- 子の看護休暇、介護休暇
  （日単位のほか、時間単位の取得も可能）。

自己都合退職には、2か月の給付制限期間も

基本手当を受けるには、退職した人が、住所地を管轄するハローワークで、求職の手続きをすることが必要です。このとき、会社から受け取った離職票-1と離職票-2を持参します。ハローワークで認定を受けると受給資格ができます。ただし、**自己都合による退職の場合、受給は認定から約2か月後（原則）のスタートとなります（給付制限期間）。**

基本手当の金額は、給与や年齢により異なります。おおよそ給与の45〜80％の金額です。また、**給付される期間（所定給付日数）は、被保険者であった期間や退職理由によって決まります。**自己都合退職や定年退職の場合、被保険者期間1年以上10年未満は90日、10年以上20年未満では120日、20年以上では150日です。倒産や解雇、長時間労働などにより退職した人（特定受給資格者）、雇い止めなど、やむを得ない理由による離職者（特定理由離職者）は、所定給付日数が優遇されます。

なお、**給付を受けられるのは、原則として退職の翌日から1年間です。**求職中に病気やケガで求職活動ができなくなった場合は、受給期間を最長4年間に延長できます。

失業給付（基本手当受給）の手続きはハローワークへ

退　職

▼

ハローワークへ行き、求職の申し込みを行う
● 会社から受け取った（送付された）離職票-1、離職票-2など、必要書類を持参する。

▼

受給資格が決定する

▼

ハローワークで受給説明会を受ける
● 雇用保険受給資格者証、失業認定申告書を受け取る。

▼

以後、4週間に一度失業認定を受けると、基本手当が振り込まれる
● その間、求職活動を行い、その状況を失業認定申告書に記入して申告する。

第二章　労務編　社員の手続きとルールをソツなく実践しよう

労務の基本と日常業務

知っておきたい労務知識 ❻ 〈健康保険の給付〉
健康保険で受けられる給付を知っておこう

　健康保険は、病気やケガをして治療が必要になった人の、経済的な負担を小さくするためのしくみです。代表的なのが、治療費の7割（原則）を給付する療養給付です。**健康保険の給付を受けられるのは、被保険者（本人及び被扶養者）の業務外の病気やケガ、出産、死亡の場合です**。会社の業務に関連して生じた病気やケガは、労災の対象となります。

条件により、パートタイマーも対象になる

　会社に雇われている人は、原則として健康保険の被保険者となります。パートタイマーやアルバイトであっても、所定労働時間が週30時間以上であれば保険加入の対象となります（所定労働時間週20時間以上でも月額賃金8.8万円以上、勤務期間1年以上見込みなら加入対象）[*1]。

　協会けんぽ（全国健康保険協会）の保険料は、被保険者と会社が折半します。会社や業種ごとの健康保険組合は、組合ごとに負担の割合が異なります。

　健康保険の給付には、右ページのものがありますが、協会けんぽと健康保険組合では、給付内容に違いがある場合も。社員が給付をもれなく利用できるよう、給付内容や申請手続きなどの知識を身につけましょう。

[*1] 従業員500人以下の会社は労使の合意が必要。2022年10月以降対象範囲が拡大される。

 傷病手当金は「3日連続」の休みが必要条件

　被保険者が、病気やケガで仕事を休んで、賃金が得られない場合、健康保険から「傷病手当金」が支給されます（業務を原因とする場合を除く）。
　支給額は1日当たりの給与[*2]の3分の2、支給期間は最長1年6か月です。欠勤中に賃金の支払いがある場合は支給されませんが、賃金の額が手当金より少ない場合は差額分が支給されます。なお、支給対象になるのは、病気やケガで3日連続して休んだ4日目以降です。

[*2] 支給開始日以前12か月の標準報酬月額の平均額を、30で割った金額。

知っておきたい、主な健康保険給付の種類

給付の名称	内容	➡ 提出書類

病気やケガ

療養の給付
病気やケガにより、病院（保険医療機関）でかかった費用の7割（本人負担は3割になる）
➡ **保険証を提示**

保険証を持っていなかった場合など、療養費用を全額支払った場合は、申請により「療養費」として7割分を給付
➡ **療養費支給申請書**

入院時食事療養費
入院したときの食事費
（本人は1食につき460円の負担・標準負担額）
➡ **特になし**

入院時生活療養費
65歳以上の被保険者が療養病床に入院したときの生活費用など（本人に標準負担額あり）
➡ **特になし**

訪問看護療養費
所定の訪問看護を受けたとき、平均的な費用の7割（本人負担は3割になる）
➡ **保険証を提示**

移送費
医療機関にやむを得ない理由で搬送されたときの費用（その医療機関までの最も経済的な経路と方法により算定された額）
➡ **移送費支給申請書**

高額療養費
医療費の自己負担が一定額を超えたときの超過金額
➡ **高額療養費支給申請書**

傷病手当金
病気やケガの療養のため、4日以上会社を休んだとき、給与（標準報酬月額の平均）の2/3
➡ **傷病手当金支給申請書**

出産

出産手当金
出産のため、会社を休んだとき、給与（標準報酬月額の平均）の2/3
➡ **出産手当金支給申請書**

出産育児一時金
出産した場合、原則42万円
➡ **出産育児一時金支給申請書**

死亡

埋葬料
本人が死亡して、扶養家族が埋葬を行うとき、5万円
➡ **埋葬料（費）支給申請書**

第二章 労務編 社員の手続きとルールをソツなく実践しよう

労務の基本と日常業務

育児・介護休業給付

労務編 – 労務の基本と日常業務

育児や介護の休業には公的なフォローがある

ポイント&ナビ
- 育児休業給付金は、休業前の賃金の67％。
- 介護休業給付金の申請は、休業終了後2か月以内に行う。
- 手続きは本人でもできるが、できれば会社が行う。

　1歳未満（子の預け先が決まらないなどの場合は2歳未満）の子を養育する社員は、「育児休業」を取得できます。期間中は原則として無給となりますが、雇用保険から「育児休業給付金」を受けられます。支給額は、休業開始前賃金（育児休業開始前6か月の給与を180で割った額）の67％（または50％）です。

　必要書類（→右ページ）に、賃金台帳や出勤簿、母子手帳などを添えて、休業開始日から4か月を経過する日の月の末日までに、ハローワークで手続きを行います。[*] 支給決定後、原則として2か月に一度、支給申請が必要です。

　社員が介護のための休業を取得した場合、雇用保険から「介護休業給付金」を受けられます。介護休業とは、身体や精神上の障害などにより、2週間以上の長期にわたって介護が必要な対象家族（配偶者、父母、子、配偶者の父母、祖父母、孫、兄弟姉妹）を介護するための休業です。

　支給額は、休業開始前賃金月額の67％が上限です。休業終了日の翌日から2か月を経過する日の月の末日までに、右ページの必要書類に、賃金台帳や出勤簿などを添えて、ハローワークで手続きを行います。

　いずれも社員本人が手続きできますが、できれば会社が行うのが望ましいでしょう（労使協定が必要）。

＊ 初回の支給申請を同時に行う場合。

+αコラム　出産では、健康保険から給付金をもらえる

　健康保険の被保険者やその被扶養者が出産したときには、健康保険から「出産育児一時金」「家族出産育児一時金」が給付されます（原則、子1人につき42万円）。申請書に医師の分娩証明を受けて届け出ます。また、被保険者本人が産休のために賃金が得られない場合、原則、分娩（予定）日の42日前から分娩後56日まで、欠勤1日につき1日当たりの給与の2/3相当の「出産手当金」を受けられます。申請書に会社の証明書を添えて、協会けんぽ等に提出します。

ひと目でわかる　育児休業のしくみ

出産 → 休業開始日 → 育児休業期間 → 子が1歳

原則として、休業1か月前までに社員から申し出る。

産後休業（56日）

協会けんぽ等より、出産育児一時金、出産手当金が受けられる。

育児休業給付金
休業開始時賃金日額×**67%**＊1
×育児休業日数

＋

育児休業期間は、厚生年金保険料、健康保険料が免除される（最長で子が3歳になるまで）＊2

子の預け先が決まらないなどの場合は2歳まで延長可。

ハローワークへ届け出る
- 雇用保険被保険者休業開始時賃金月額証明書
- 育児休業給付受給資格確認票・（初回）育児休業給付金支給申請書

必要書類

Check!
「パパ・ママ育休プラス制度」（父母ともに育児休業取得なら、育児休業期間を子が1歳2か月になるまで延長できる制度）もある。

ひと目でわかる　介護休業のしくみ

休業開始日 → 介護休業期間 → 休業終了

原則として、休業2週間前までに社員から申し出る。

介護休業給付金
休業開始時賃金日額×**67%**
×介護休業日数

期間は最長93日
注・3回を上限に分割取得可。

ハローワークへ届け出る
- 介護休業申出書
- 雇用保険被保険者休業開始時賃金月額証明書
- 介護休業給付金支給申請書

必要書類

＊1　育児休業開始日から6か月経過後は50％となる。
＊2　産前産後休業期間中の国民年金保険料、厚生年金保険料、健康保険料も免除される（手続きは年金事務所や協会けんぽ等）。

知っておきたい労務知識 ⑦ 〈社会保険〉

国民の病気や老後のために国が行う「公的保険」

社会保険、労働保険への加入は会社の義務

社会保険とは、国民全体を対象とした国民健康保険や国民年金、会社員などを対象にした健康保険、厚生年金保険をいいます。労働保険とは、雇用保険と労災保険をいいます（労働保険を含めて社会保険という場合もある）。いずれも、**社員とその家族の健康と安心のために、会社が加入（保険者になること）を義務づけられている「公的保険」**です。

社会保険の給付は業務外のものに限られる

健康保険は医療保険ともいい、被保険者（社員や会社の役員）とその家族

社会保険と労働保険の適用事業所とは

	社会保険	労働保険
法人	強制適用	強制適用
個人事業	従業員5人以上なら 強制適用	従業員1人以上なら 強制適用
新規加入なら	「健康保険・厚生年金保険 新規適用届」を年金事務所 または協会けんぽ等へ	「労働保険 保険関係成立届」を 労働基準監督署へ 「雇用保険適用事業所設置届」を ハローワークへ

（被扶養者）が、業務以外で病気やケガをした場合の治療費や入院費、被保険者が病気やケガで休業した場合の休業補償の給付などを行います。

　また、**40歳以上65歳未満の社員は、健康保険料と合わせ、介護保険料を負担します**。介護保険の被保険者は、介護の必要な状態になった場合（原則65歳以上）に、必要な介護サービスが受けられます。

　厚生年金保険は、被保険者やその家族に対して、定年退職した、病気などで障害が残った、被保険者が亡くなったといった場合に、年金や一時金の給付を行うしくみです。国民年金は個人で保険料を納めますが、厚生年金保険では保険料の2分の1を会社が負担することで、より充実した給付を受けることができます。

　労働保険のうち、雇用保険は被保険者が失業したときに失業手当の給付などを行います。労災保険は、被保険者が通勤や業務中に負った病気やケガに対して、治療費や入院費の給付、休業補償などを行います。

　こうした給付の多くは、所定の手続きを行うことにより受けられます。

公的年金制度（老齢年金）の基本的なしくみ

もらえる年金の内容

*1 確定給付企業年金、確定拠出年金（企業型）、厚生年金基金など。

企業年金*1　　年金払い退職給付*2

*2 公務員などの場合。

老齢厚生年金

老齢基礎年金（国民年金）

年金の種別

第1号被保険者
自営業者やその妻、厚生年金保険の適用のない会社で働く人、自由業者、学生など（いずれも20歳以上60歳未満）。

第2号被保険者
厚生年金保険に加入している会社員、公務員（70歳未満）。

第3号被保険者
会社員や公務員の妻（いずれも20歳以上60歳未満）。

労災の給付申請

労務編 - 労務の基本と日常業務

仕事上の病気やケガは労災の給付を受けられる

ポイント&ナビ
- 業務災害と通勤災害の意味と範囲をしっかり押さえる。
- 保険給付の請求と連動して、「労働者死傷病報告」を提出する。

　業務に関係して発生した、社員の病気やケガなどを「業務災害」、通勤途中で発生した病気やケガなどを「通勤災害」といいます。**業務災害と通勤災害の療養や休業の費用などには、労働者災害補償保険（労災保険）が適用されます。**

　代表的なものが、「療養補償給付（通勤災害では療養給付。給付内容は同じ）」です。原則として、労災指定病院での療養を受けられます。労災指定病院は、厚生労働省の「労災保険指定医療機関検索」（https://rousai-kensaku.mhlw.go.jp/）などから探すことができます。

　給付を受けるには、本人や遺族などがその医療機関を通して、会社の所在地を管轄する労働基準監督署へ「療養（補償）給付たる療養の給付請求書」を提出します。

　労災指定病院以外の医療機関で治療を受けた場合は、いったん治療費を立て替え、「療養（補償）給付たる療養の費用請求書」に、療養にかかった領収書や診療報酬明細書などを添付して、労働基準監督署に提出します。

休業補償給付は休業4日目から

　療養費用に加え、「休業補償給付（通勤災害では休業給付。給付内容は同じ）」を受けられる場合があります。傷病により社員が仕事を休む場合、休業4日目以降の休業1日につき、給付基礎日額（平均賃金）の60％相当額が支給されます。

　この給付に上乗せされる「休業特別支給金」（休業1日につき給付基礎日額〈平均賃金〉の20％相当額）も含めると、休業1日につき、平均賃金の約80％が補償されることになります。

　社員が業務災害で休業する場合、上記の保険給付の請求と連動して、会社は「労働者死傷病報告」を労働基準監督署に提出します。

> **ひとくちMEMO　最初の3日間**　休業補償給付や休業特別支給金の支給されない、休業最初の3日間については、労働基準法で、平均賃金の6割以上を会社が補償することが決められている。

注・令和2年9月から、複数の会社で働く人の休業補償給付などは、すべての勤務先の賃金額を合算して決められることになっている。

労働者死傷病報告には状況説明をつける

業務災害による休業4日目からは「休業補償給付」が受けられる

労働者死傷病報告と休業補償給付支給請求書を、
労働基準監督署に提出する（すみやかに）

労働者死傷病報告の記入ポイント

医師や本人などの
判断による、出社
可能日を記入する。

労働保険番号、会社名など
を記入する。建設業の場合
は工事名も記入する。

派遣労働者の場合、派遣
先の会社の郵便番号や会
社名などを記入する。

災害発生の状況を、図
や絵も使って、できる
だけくわしく記入する。

記入者の職名、
氏名を記入する。

会社所在地、被災社員の
氏名等、傷病の内容など
を記入する。経験期間は、
通常勤務年数とする。

第二章 労務編 社員の手続きとルールをソツなく実践しよう

労務の基本と日常業務

135

知っておきたい労務知識 ❽ 〈労災保険〉

労災の適用は「仕事に関係あるか？」がカギ

給付の種類を把握しておこう

労災保険の給付には、前ページの療養や休業に対するもののほか、**療養が長引き、1年6か月を過ぎても一定以上の重い症状が残っている場合に受けられる「傷病補償年金」**や、介護が必要になった場合の**「介護補償給付」**、死亡した場合の**「遺族補償給付」**などがあります。それぞれの条件についてよく理解して、スムーズに手続きを行えるようにしておきましょう。

ポイントは「所定労働時間内か、会社の施設内か」

労災保険の適用対象となるかどうかは、病気やケガが「仕事に関係があるかどうか」がポイントです。申請書などを提出すると、労働基準監督署により「認定／不認定」が判断されます。

業務災害と認定されるためには、**病気やケガをしたとき、所定労働時間内で、会社の施設内にいたなど、会社の支配下にあったこと（業務遂行性）、**さらに、**会社の業務が原因である病気やケガであること（業務起因性）**が必要です。

たとえば、上司の指示により荷物の積み下ろしをしていて、荷が崩れてケガをした場合は業務災害です。ただし、所定労働時間内でも、喧嘩などによるケガでは労働災害とは認められません。出張や社用での外出時の事故などは、会社の施設外でも認められます。病気の場合、業務との関連を証明するのが難しい場合もあります。

また、通勤災害として認められるのは、原則として、自宅と会社の往復の間です。帰宅の途中、業務に関係のない食事などをした場合、その後は通勤とはされません。得意先への直行直帰、単身赴任先と会社の間の移動は通勤となります。

136

主な労災給付を押さえておこう

状況	給付	内容
業務上または通勤中に病気やケガをした	療養補償給付 療養給付 上段は業務災害、下段は通勤災害の給付。以下同じ。	必要な療養が給付される（労災病院や労災指定医療機関以外の場合は、後日請求できる）。
業務上または通勤中に病気やケガをして働くことができなくなった	休業補償給付 休業給付	休業4日目から給付基礎日額×60％相当額が支給される。
業務上または通勤中の病気やケガが1年6か月経っても治らない	傷病補償年金 傷病年金	傷病の程度（第1級〜第3級）により、年金が支給される。
業務上または通勤中の病気やケガにより障害が残った	障害補償給付 障害給付	障害の程度（第1級〜第14級）により、年金または一時金が支給される。
業務上または通勤中の病気やケガにより介護が必要になった	介護補償給付 介護給付	障害、傷病の程度、介護の状態（常時か随時か）により、介護費用が支給される。
業務上または通勤中の病気やケガにより死亡した	遺族補償給付 遺族給付	遺族の数などに応じて年金または一時金が支給される。
	葬祭料 葬祭給付	死亡者の葬儀のための費用が支給される。

注・その他、休業、傷病、障害、遺族の給付では、併せて、特別支給金（一時金、年金）が受けられる。

第二章 労務編 社員の手続きとルールをソツなく実践しよう

労務の基本と日常業務

社会保険手続き

労務編 - 労務の基本と日常業務

社員に関する手続きを整理しておこう

ポイント&ナビ

- ケースにより、さまざまな書類が必要になる。ひと通りの書類は会社にそろえておこう。
- 社会保険、税金、各種手当などへの影響を確認する。

社員の結婚や家族の変化で必要になる主な届け出

結婚などで、社員の氏名が変わった

☐ 健康保険・厚生年金保険 被保険者氏名変更（訂正）届*

↓

年金事務所または協会けんぽ等へ
・・・ 変更後すみやかに

注・雇用保険被保険者氏名変更届は廃止された（令和2年6月1日）。社員の氏名変更は他の雇用保険手続き（被保険者資格喪失届など）の際に届け出る。

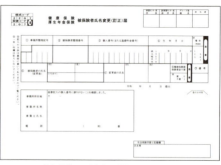

健康保険・厚生年金保険被保険者氏名変更（訂正）届

社員の住所が変わった

☐ 健康保険・厚生年金保険 被保険者住所変更届*

↓

年金事務所または協会けんぽ等へ
・・・ 変更後すみやかに

（配偶者を扶養している場合）

☐ 国民年金第3号被保険者 住所変更届

↓

年金事務所へ・・・ 変更後すみやかに

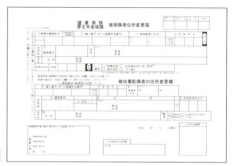

健康保険・厚生年金保険被保険者住所変更届

＊マイナンバーを届け出ている被保険者は、この届け出を省略できる。

結婚・出産、転居、扶養家族の増減など、社員を取り巻く環境に変化があった場合、社員からその届け出を受けて、変更などの手続きを行います。

変化に伴う給与などへの影響に注意

住所が変わったときには、単なる住所の変更届だけでなく、**支給する通勤手当が変わって、社会保険料のベースになる標準報酬月額に影響が出ることがあります**。同様に扶養家族の増減があった場合は、家族手当の額が変わり、給与の増減があり得ます。もし、2等級以上の大きな違いが出れば、標準報酬月額変更届を提出しなければいけません。

ただし、結婚などで氏名が変わったときなどの届け出は省略できるケースも多くなっています。なお、これらの手続きの押印は原則不要となっています。

社員の扶養家族が増えた／減った

☐ 給与所得者の扶養控除等（異動）申告書
▼
通常、会社保管でよい

☐ 健康保険被扶養者（異動）届
年金事務所または協会けんぽ等へ ・・・ 5日以内

健康保険被扶養者（異動）届

保険証などを紛失した

（健康保険被保険者証の紛失）
☐ 健康保険
　被保険者証再交付申請書
協会けんぽ等へ ・・・ すみやかに

（雇用保険被保険者証の紛失）
☐ 雇用保険
　被保険者証再交付申請書
ハローワークへ ・・・ すみやかに

健康保険 被保険者証再交付申請書

第二章 労務編　社員の手続きとルールをソツなく実践しよう

労務の基本と日常業務

139

給与計算

労務編 - 労務の毎月の仕事

1円のミスもNG
手順を整理しておこう

ポイント&ナビ
- 勤怠確認などで、総支給額を計算する→控除額を差し引く、が基本的な流れ。
- 計算ミスや作業の遅滞は、絶対にNGと肝に銘じる。

　毎月の給与は社員の生活の要。その計算・支払いは、労務（または経理）の中心となる重要な仕事です。賃金規程などをよく参照して、計算のしくみを理解するとともに、計算の手順を整理しておきましょう。

　給与計算では、①総支給額を算出する、②控除額（給与から差し引く金額）を算出する、①から②を差し引く、という手順により、実際に支払う／振り込む金額（差引支給額）を算出します。

　まず、出勤簿やタイムカードをもとに、対象となる1か月（給与計算期間）の勤務状況を確認し、残業代や休日手当など（変動的給与）を計算します。その後、基本給や役職手当、家族手当、通勤手当、住宅手当など（固定的給与）に変更がないか確認、合計して総支給額を求めます。

毎月の給与計算はこの手順で行う

10日
給与の締切日
出勤簿やタイムカードを締め切る。

11日～20日ごろまでに

勤怠確認
出勤簿やタイムカードから、その月の勤務時間、出勤日数などを集計する。

→ **総支給額の計算**
残業や休日出勤による割増賃金（→100ページ）を計算する。

総支給額の確定

→ **社会保険料、雇用保険料の計算**
金額は社員により異なる。変更などが生じていないか注意する（→142、144ページ）。

●締切日は毎月10日、支払日は25日の場合。

財形貯蓄などの天引きは、労使協定が必要

　給与から差し引く控除には、法律で定められている控除（法定控除）があります。社会保険料や雇用保険料、所得税や住民税（源泉徴収）が、これになります。いずれも、差し引いた後は、期日までにそれぞれの窓口に納めます。

　もう１つは、会社と社員の間で取り決められた控除です（協定控除）。財形貯蓄、共済会費、組合費、食費負担分などです。協定控除を行うためには、労使で書面による「労使協定」を結ぶ必要があります。

　すべての社員について、差引支給額を計算したら、社員へ渡す給与支払明細書を作成、賃金台帳や源泉徴収簿に記入します。通常、支払日の５日前までには、給与支払いのための資金準備を終え、金融機関から指定された振込日までに、振り込みを完了しなければなりません。**給与の支払日は厳守です。会社の都合で変更したり遅らせたりできません**。また、給与を分割払いにしたり、何か月かの給与をまとめて支給することも認められません。

支給額は毎月同じじゃない！細心の注意で勤怠確認を行おう。

		20日ごろ	25日
→源泉所得税額、住民税額の計算	→給与明細書の作成	→支払い手続き	→給与の支給日
所得税と住民税を計算後、総支給額から差し引く（→146、148ページ）。	給与明細書を作成し、その内容を賃金台帳や源泉徴収簿に記入する。	多くは銀行振り込みで行う。そのため、銀行の指定日までに手続きを完了させなければならない。	給与明細書を各社員に配布する。

差引支給額の確定

労務編 - 労務の毎月の仕事

40歳以上の社員は介護保険の負担あり

- 前月分の保険料を今月分の給与から差し引く。
- 今年4月～6月の標準報酬月額から、次の9月～翌年8月の保険料が決まる。

　給与から天引きする社会保険料には、健康保険・厚生年金保険・介護保険（40～65歳未満の被保険者）があります。いずれも、保険料は会社と社員が折半して負担し、納付は翌月末までに会社が行います。

　保険料算定のベースは「報酬（基本給や諸手当などの合計）」の月額です。**4～6月の3か月の報酬月額を合計して、3で割った額を「標準報酬月額」といいます。これに保険料率を掛けた金額が、毎月の保険料額です（実務では右ページの保険料額表に当てはめる）**。今月の給与から差し引くのは、前月分の保険料です。

　その年に計算した標準報酬月額は、9月（10月分給与から天引き）から翌年8月（9月分給与から天引き）に適用されます。ただし、年の途中に給与などが変動し、標準報酬月額が2等級以上（以下）変わる場合は、変更を届けて保険料を改定する必要があります（→150ページ）。

　また、厚生年金保険に加入している会社は、厚生年金保険料のほか「子ども・子育て拠出金」を負担します。これは児童手当の財源です。各社員の標準報酬月額の0.36％（2021年度）を納付します（社員負担はない）。

報酬＝労働の対価として支払ったお金

報酬となるもの
基本給、住宅手当、残業手当、役職手当、皆勤手当、通勤手当、年4回以上の賞与など。

報酬とならないもの
退職金、年3回までの賞与、祝い金、解雇予告手当、健康保険の給付、労災保険の給付など。

保険料の金額は「標準報酬月額」で決まる

健康保険・厚生年金保険の保険料額表の見方
（健康保険料は協会けんぽ・東京都のもの）

健康保険の標準報酬月額は1〜50、厚生年金保険は1〜32の等級に分けられている（表の（ ）の数字）。

健康保険料率は、介護保険料を負担する40歳を境に変わる。

健康保険料率と厚生年金保険料率は労使折半。年に一度変更される。

令和3年3月分（4月納付分）からの健康保険・厚生年金保険の保険料額表

・健康保険料率：令和3年3月分〜 適用　・厚生年金保険料率：平成29年9月分〜 適用
・介護保険料率：令和3年3月分〜 適用　・子ども・子育て拠出金率：令和2年4月分〜 適用

（東京都）　　　　　　　　　　　　　　　　　　　　　　　　　　　　　　　　　　　（単位：円）

標準報酬		報酬月額		全国健康保険協会管掌健康保険				厚生年金保険（厚生年金基金加入員を除く）	
				介護保険第2号被保険者に該当しない場合		介護保険第2号被保険者に該当する場合		一般、坑内員・船員	
等級	月額			9.84%		11.64%		18.300%※	
		円以上	円未満	全 額	折半額	全 額	折半額	全 額	折半額
1	58,000		63,000	5,707.2	2,853.6	6,751.2	3,375.6		
2	68,000	63,000	73,000	6,691.2	3,345.6	7,915.2	3,957.6		
3	78,000	73,000	83,000	7,675.2	3,837.6	9,079.2	4,539.6		
4(1)	88,000	83,000	93,000	8,659.2	4,329.6	10,243.2	5,121.6	16,104.00	8,052.00
5(2)	98,000	93,000	101,000	9,643.2	4,821.6	11,407.2	5,703.6	17,934.00	8,967.00
6(3)	104,000	101,000	107,000	10,233.6	5,116.8	12,105.6	6,052.8	19,032.00	9,516.00
7(4)	110,000	107,000	114,000	10,824.0	5,412.0	12,804.0	6,402.0	20,130.00	10,065.00
8(5)	118,000	114,000	122,000	11,611.2	5,805.6	13,735.2	6,867.6	21,594.00	10,797.00
9(6)	126,000	122,000	130,000	12,398.4	6,199.2	14,666.4	7,333.2	23,058.00	11,529.00
10(7)	134,000	130,000	138,000	13,185.6	6,592.8	15,597.6	7,798.8	24,522.00	12,261.00
11(8)	142,000	138,000	146,000	13,972.8	6,986.4	16,528.8	8,264.4	25,986.00	12,993.00
12(9)	150,000	146,000	155,000	14,760.0	7,380.0	17,460.0	8,730.0	27,450.00	13,725.00
13(10)	160,000	155,000	165,000	15,744.0	7,872.0	18,624.0	9,312.0	29,280.00	14,640.00
14(11)	170,000	165,000	175,000	16,728.0	8,364.0	19,788.0	9,894.0	31,110.00	15,555.00
15(12)	180,000	175,000	185,000	17,712.0	8,856.0	20,952.0	10,476.0	32,940.00	16,470.00
16(13)	190,000	185,000	195,000	18,696.0	9,348.0	22,116.0	11,058.0	34,770.00	17,385.00
17(14)	200,000	195,000	210,000	19,680.0	9,840.0	23,280.0	11,640.0	36,600.00	18,300.00
18(15)	220,000	210,000	230,000	21,648.0	10,824.0	25,608.0	12,804.0	40,260.00	20,130.00
19(16)	240,000	230,000	250,000	23,616.0	11,808.0	27,936.0	13,968.0	43,920.00	21,960.00
20(17)	260,000	250,000	270,000	25,584.0	12,792.0	30,264.0	15,132.0	47,580.00	23,790.00
21(18)	280,000	270,000	290,000	27,552.0	13,776.0	32,592.0	16,296.0	51,240.00	25,620.00
22(19)	300,000	290,000	310,000	29,520.0	14,760.0	34,920.0	17,460.0	54,900.00	27,450.00
23(20)	320,000	310,000	330,000	31,488.0	15,744.0	37,248.0	18,624.0	58,560.00	29,280.00
24(21)	340,000	330,000	350,000	33,456.0	16,728.0	39,576.0	19,788.0	62,220.00	31,110.00
25(22)	360,000	350,000	370,000	35,424.0	17,712.0	41,904.0	20,952.0	65,880.00	32,940.00
26(23)	380,000	370,000	395,000	37,392.0	18,696.0	44,232.0	22,116.0	69,540.00	34,770.00
27(24)	410,000	395,000	425,000	40,344.0	20,172.0	47,724.0	23,862.0	75,030.00	37,515.00
28(25)	440,000	425,000	455,000	43,296.0	21,648.0	51,216.0	25,608.0	80,520.00	40,260.00
29(26)	470,000	455,000	485,000	46,248.0	23,124.0	54,708.0	27,354.0	86,010.00	43,005.00
30(27)	500,000	485,000	515,000	49,200.0	24,600.0	58,200.0	29,100.0	91,500.00	45,750.00
31(28)	530,000	515,000	545,000	52,152.0	26,076.0	61,692.0	30,846.0	96,990.00	48,495.00
32(29)	560,000	545,000	575,000	55,104.0	27,552.0	65,184.0	32,592.0	102,480.00	51,240.00
33(30)	590,000	575,000	605,000	58,056.0	29,028.0	68,676.0	34,338.0	107,970.00	53,985.00
34(31)	620,000	605,000	635,000	61,008.0	30,504.0	72,168.0	36,084.0	113,460.00	56,730.00
35(32)	650,000	635,000	665,000	63,960.0	31,980.0	75,660.0	37,830.0	118,950.00	59,475.00
36	680,000	665,000	695,000	66,912.0	33,456.0	79,152.0	39,576.0		
37	710,000	695,000	730,000	69,864.0	34,932.0	82,644.0	41,322.0		
38	750,000	730,000	770,000	73,800.0	36,900.0	87,300.0	43,650.0		
39	790,000	770,000	810,000	77,736.0	38,868.0	91,956.0	45,978.0		
40	830,000	810,000	855,000	81,672.0	40,836.0	96,612.0	48,306.0		
41	880,000	855,000	905,000	86,592.0	43,296.0	102,432.0	51,216.0		
42	930,000	905,000	955,000	91,512.0	45,756.0	108,252.0	54,126.0		
43	980,000	955,000	1,005,000	96,432.0	48,216.0	114,072.0	57,036.0		
44				101,352.0	50,676.0	119,892.0			
				107,256.0	53,628.0	126,876.0			
						56,580.0			

※厚生年金基金に加入している方の厚生年金保険料率は、基金ごとに定められている免除保険料率（2.4%〜5.0%）を控除した率となります。

❶ 各社員の標準報酬月額を表に当てはめる。　➡　❷ 該当する保険料額を見つける。

（例）標準報酬月額が240,000円、40歳未満の社員なら、健康保険料は11,808円、厚生年金保険料は21,960円となる（折半額。端数がある場合は、50銭以下切り捨て、50銭超切り上げ）。

第二章 労務編

社員の手続きとルールをソツなく実践しよう

労務の毎月の仕事

労働保険料

労務編 - 労務の毎月の仕事

労災の保険料は会社負担となる

ポイント&ナビ
- 社員の雇用保険料は、毎月給与から天引きする。
- 労災保険料には社員負担分がない。
- 天引きは毎月行うが、納付は1年分をまとめて行う。

毎月の賃金が保険料額のベースになる

雇用保険料と労災保険料を合わせて、労働保険料といいます。**雇用保険料は、会社と社員で負担し、社員の負担分は毎月の給与から差し引きます。労災保険料は、会社が全額負担するため、給与からの天引きはありません。**雇用保険料と労災保険料の納付は、会社が1年分をまとめて行います（→152ページ）。

労働保険料算定のベースは「賃金」です。賃金には、基本給や各種手当のほか、賞与や通勤手当が含まれます。毎月の賃金に、保険料率を掛けた額が雇用保険料となります。たとえば、「一般の事業」の保険料率は1000分の9、このうち社員が負担する率は1000分の3です。この割合は年に一度改定されます。

労災保険料の保険料率は、業務内容、事故の危険性などを考慮して、詳細に区分されています。1000分の2.5から1000分の88までの幅があります。

加えて、石綿（アスベスト）健康被害者の救済のために、賃金の総額の1000分の0.02を「一般拠出金」として負担することになっています。全額を会社が負担します。

高齢の社員も雇用保険料を納める

65歳以上の人も雇用保険の対象であり、保険料を納めなければなりません（2019年度まで保険料は免除となっていた）。

また、パートタイマーやアルバイトでも、**所定労働時間が週20時間以上で、かつ31日以上の雇用が見込まれる場合は、雇用保険の対象となります。**こうした労働者ごとの違いにも注意しましょう。

ひとくちMEMO　労災保険の保険料率例　金融業や不動産業1000分の2.5、卸売業や小売業1000分の3、食料品製造業1000分の6、林業1000分の60、金属鉱業1000分の88など（→巻末付録）。

雇用保険料の計算方法を知っておこう

雇用保険料率表（2021年4月1日から2022年3月31日まで）

事業の種類	2020年（確定保険料）保険料率			2021年（概算保険料）保険料率		
		事業主負担	被保険者負担		事業主負担	被保険者負担
一般の事業	9/1000	6/1000	3/1000	9/1000	6/1000	3/1000
農林水産、清酒製造の事業	11/1000	7/1000	4/1000	11/1000	7/1000	4/1000
建設の事業	12/1000	8/1000	4/1000	12/1000	8/1000	4/1000

注・確定保険料、概算保険料の区別については→152ページ。

雇用保険料の計算式

賃金額 × 上表の保険料率（被保険者負担） = 社員がその月に負担する雇用保険料

2020年度からは社員の年齢にかかわらず雇用保険料が必要です。

端数がある場合は、50銭以下切り捨て50銭超切り上げ

Check!

毎月の保険料は概算保険料による金額となる（1年を通して同額）。

労務 Q&A

Q ボーナスからも保険料を払う？

A 毎月の給与だけでなく、ボーナス（賞与）からも社会保険料（健康保険、厚生年金保険料）や雇用保険料を天引きします。「保険料納入告知書」により、毎月の社会保険料とともに翌月末までに納付します（→156ページ）。

労務編 - 労務の毎月の仕事

給与から税金を天引きし、翌月10日までに納める

- 総支給額から社会保険料や労働保険料を差し引いた金額が対象。
- 「給与所得の源泉徴収税額表」に照らし合わせる。

社会保険料とは計算の対象金額が異なる

所得税の納付は、所得を得た人が所得金額を明らかにし、税額を計算したうえで納付する「申告納税」が原則です。ただし、会社に勤める人の場合、**会社が給与を支払うときに、あらかじめ所得税を控除（徴収）し、会社が所得税の納付を代わって行います。このしくみを「源泉徴収」といいます。**

給与の総支給額から、社会保険料や雇用保険料を差し引いた後の金額が、課税対象額となります。総支給額には、残業代や諸手当は含めますが、通勤手当（月額15万円まで）は含めません。この課税対象額を、国税庁の「給与所得の源泉徴収税額表（月額表）」に当てはめて、源泉所得税額を求めます。

対象扶養親族がいる社員は、税額が軽減される

源泉所得税額は、社員の扶養親族等の数によって変わります。扶養親族等とは、生計を一にしている、配偶者および6親等内の血族及び3親等内の姻族です（16歳未満の人は対象外）。

扶養親族がいる社員（「給与所得者の扶養控除等（異動）申告書」の提出が必要）は、源泉徴収税額表（月額表）の「甲欄」の税額により計算します。この申告書を提出していない社員は、「乙欄」の税額で計算します。

源泉徴収した所得税は、徴収した月の翌月の10日までに、銀行や郵便局などで、納付書を添えて納付します。なお、所得税の納期の特例として、給与の支払いを受ける人が、常時10人未満である会社は、事前に税務署に届け出れば、源泉所得税の毎月納付を、年2回納付にすることができます。

> **ひとくちMEMO** **納期の特例** 本文中の納期の特例を受けた場合、1～6月分を7月10日、7～12月分を翌年1月20日までに納める。

源泉徴収の金額は税額表から探す

1 課税対象となる金額を計算する

給与の総支給額 − 社会保険料 − 雇用保険料 = **課税対象となる金額**

2 源泉徴収税額表(月額表)に当てはめる

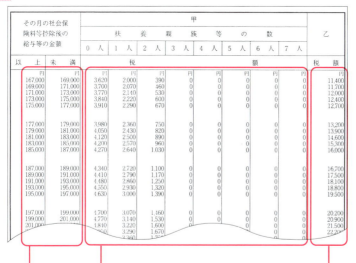

- 課税対象となる金額の行を見つける。 ➡ その行のなかで、社員の扶養親族等の数の部分の金額が所得税となる。
- 「給与所得者の扶養控除等申告書」を提出していない場合は、乙欄の金額となる。

●なお、甲・乙欄の金額には、復興特別所得税が含まれている。

注・源泉徴収税額表は、最寄りの税務署で手に入るほか、国税庁ホームページからダウンロードもできる。

労務 Q&A

Q 給与以外に源泉徴収が必要な場合は?

A 源泉徴収は、社外の個人に対する、講演料などの報酬や、原稿料やデザイン料に対しても行います。講演料は車代、原稿料は取材費や謝礼といった名目にかかわらず、すべて源泉徴収の対象です(→212ページ)。

第二章 労務編 社員の手続きとルールをソツなく実践しよう

労務の毎月の仕事

労務編 - 労務の毎月の仕事

住民税は、前年の所得分を納める

- 社員の、1月1日現在の住民票の登録地に納める。
- 市区町村から送られてくる「特別徴収税額通知書」にしたがって納税する。

天引きされるのは、国税→今年分、住民税→前年分

　住民税とは、住んでいる地域に納める税金です（市町村民税と道府県民税）。1月1日現在に住所（住民票を登録しているところ）がある市区町村と都道府県に納めます。源泉徴収する所得税は今年分の概算ですが、住民税は、前年分の所得が税額算出のもとになっています。

　納税方法には、**会社が給与から天引きして納める「特別徴収」**と、各社員それぞれが、**市区町村から送付されてくる納税通知書に基づいて自分で納付する「普通徴収」**の2通りがあります。会社員の場合、原則として特別徴収となります。

源泉徴収した住民税は翌月10日までに納める

　税額は、会社が社員ごとの前年の給与支払総額などを記入して、毎年1月31日までに市区町村に提出する「給与支払報告書」（→212ページ）により決まります。
　市区町村では、給与支払報告書をもとに住民税額を算出して、毎年5月31日までに会社あてに「特別徴収税額通知書」を送付します。この通知書に基づき、6月から翌年5月までの1年間、1か月分ずつ給与から源泉徴収します（月割りによる端数は、最初の徴収月である6月分に加えられる）。源泉徴収した住民税の納付期限は、翌月10日です。
　社員が退職した場合、その社員の住所地の市区町村へ「給与支払報告・特別徴収に係る給与所得者異動届出書」を提出します。この届け出によって、特別徴収から普通徴収に切り替わります。なお、退職時期により、未徴収の住民税額を一括徴収する場合があります。社員の負担が大きいので、事前に伝えておきます。

ひとくち MEMO　**住民税は前年の所得が対象**　新卒で入社した新入社員の場合、通常、前年に所得はない。そのため、就職1年目には、住民税は課税されない。2年目からの徴収となる。

住民税の事務には注意が必要

住民税の2つのポイント

1 税額は市区町村から通知される

会社で住民税額を計算する必要はない。5月31日までに送られてくる「特別徴収税額通知書」にしたがって納付する。

2 前年の社員の所得に対する税金を、今年～翌年（6月～翌5月）の給与から天引きする

その月の税金を翌月納める所得税とは異なる。そのため、社員の退職時には未納分の住民税の調整が必要になる。

社員の退職時には届け出をする

（給与支払報告・特別徴収に係る給与所得者異動届出書の記入ポイント）

❶ 会社の所在地、名称、代表者名、法人番号などを記入する（押印不要）。

❷ 特別徴収税額通知書に記載された番号を転記する。

❸ 退職した社員の氏名、住所、マイナンバー、その年の住民税額（特別徴収税額）、そのうち納めた額と残った額、退職理由、支払った給与の額などを記入する。

❹ 残った月割額を一括徴収する場合に記入する。

❺ 転職先の会社が特別徴収を引き継ぐ場合の記入欄。

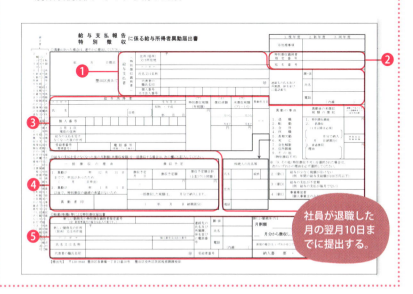

社員が退職した月の翌月10日までに提出する。

第二章 労務編 社員の手続きとルールをソツなく実践しよう

労務の毎月の仕事

社会保険の定時決定

労務編 - 労務の年に一度の仕事

社会保険料は年に一度見直しする

- 算定基礎届の提出は、毎年7月1日〜10日。
- 新しい標準報酬月額は、その年の9月から翌年8月まで適用される。

社会保険料額は年に一度変わる

　健康保険、厚生年金保険といった社会保険の保険料額は、社員の給与をもとにした「標準報酬月額」がベースになっています（→142ページ）。

　標準報酬月額は、まず、社員の入社時の給与により決定します（資格取得時決定）、その後、**社員の給与は、昇給などによって毎年変わるため、年に一度、標準報酬月額の改定を行うことになっています。これを「社会保険の定時決定」**といいます。

　社会保険の定時決定の手続きは、その年の4〜6月の給与やこれまでの標準報酬月額などを「健康保険・厚生年金保険 被保険者報酬月額算定基礎届」に記入して、7月1日から10日の間に年金事務所か協会けんぽ等に提出します。賃金台帳や源泉所得税領収書の控えなどが必要になる場合もあります。

給与などの変更が大きいときは、その都度変わる

　この届け出に基づき、新しい標準報酬月額を確定し、「決定通知書」が会社に送付されてきます。新しい標準報酬月額とそれに基づく健康保険料、厚生年金保険料は、その年の9月から翌年の8月まで適用されます。**社会保険料は前月分を徴収するため、天引きする金額が変わるのは10月からです。**

　年の途中で、昇給などによる給与の変動が大きい場合には、定時決定とは別に標準報酬月額を見直す必要があります（随時改定）。「給与の大きな変動」とは、基本給など固定的な給与の変動で、これまでの標準報酬月額と2等級以上の差が生じた、などの条件に該当する場合です（→155ページ）。

ひとくち MEMO　育児休業等終了時改定　育児休業終了後の短時間勤務などで給与が下がった場合にも、保険料の改定を行う。この場合には、大幅な下がり方でなくても改定を行うことができる。

年に一度、年金事務所などに提出する

健康保険・厚生年金保険 被保険者報酬月額算定基礎届の記入ポイント

社員(被保険者)ごとに、以下のように記入する。

❶ 事業所整理記号を記入する。

❷ 会社の所在地、名称、代表者名、電話番号を記入する(押印不要)。

❸ 被保険者整理番号、氏名、生年月日(例5-500726→昭和50年7月26日)、適用年月、これまでの標準報酬月額、前回の改定月などが印字されている。

❹ 4〜6月の報酬支払基礎日数と報酬額を記入する(日数が17日未満の月は計算に入れない)。現物支給がある場合、金額換算して「⑫現物」欄に記入して合計する。

❺ 合計額を記入する。

❻ 平均額を記入する。

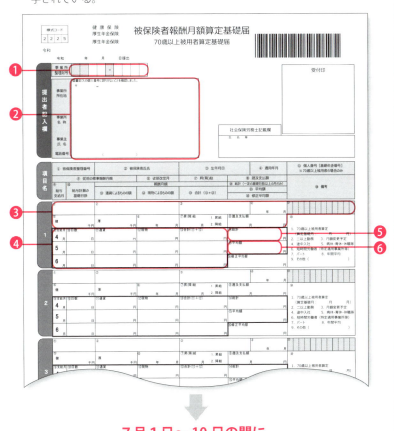

7月1日〜10日の間に、年金事務所、協会けんぽ等に提出する

第二章 労務編 社員の手続きとルールをソツなく実践しよう

労務の年に一度の仕事

労務編 - 労務の年に一度の仕事

労働保険の申告・納付は6月1日〜7月10日

ポイント&ナビ
- 保険年度は、4月1日〜翌3月31日。
- 保険料は概算で納付し、翌年、賃金確定後に精算する。
- 前年度の精算分と今年度の概算保険料を一緒に納める。

保険料額は1年間の賃金総額で決まる

　雇用保険と労災保険の保険料（労働保険料）の納付は、年に一度、会社（事業所）全体の分をまとめて行います（労働保険の年度更新）。保険料額は、社員に支払う1年間（保険年度・4月1日〜翌3月31日）の賃金総額に、雇用保険、労災保険それぞれの保険料率を掛けて求めます。

　まず、今年度に支払いが見込まれる賃金総額（概算賃金総額）による保険料（概算保険料）をいったん前払いします。翌年、実際に支払った賃金総額（確定賃金総額）による保険料（確定保険料）との差額を精算し、同時にその年度の概算保険料も併せて納める、という方法をとります。

　年度更新では、保険料の納付とともに「労働保険概算・確定保険料申告書」を提出します。この書類は、保険料の納付時期に合わせて、都道府県の労働局から送られてきます。申告・納付は、毎年6月1日から7月10日の間に行います。期日を守らなかった場合、追徴金や延滞金が課せられます。

原則、概算賃金総額は前年度と同額でよい

　今年度の概算賃金総額は、前年度と比べて大幅な変動が見込まれない限り、前年度の確定賃金総額と同額でかまいません。大幅な変動とは、今年度に支払いが見込まれる賃金が、前年度と比べて100分の200超（倍増）か、100分の50未満（半減）の場合などです。つまり、賃金総額に大幅な変動がなく、保険料率に変更がなければ、前年度の確定保険料と今年度の概算保険料は同じです。

　提出時には、賃金総額が確認できるように、賃金集計表などを添付します。

> **ひとくちMEMO　分割納付（延納）**　概算保険料の額が40万円以上、または労働保険組合に労働保険事務を委託しているなどの条件を満たせば、年3回（第1期〜第3期）に分けた保険料納付が可能。

1年分の保険料をまとめて先払いする

労働保険概算・確定保険料申告書の記入ポイント

❶ その年度の労働者数（1か月平均）、雇用保険被保険者数（1か月平均）、高年齢労働者数（64歳以上）を記入する。

❷ 確定した保険料の内訳を記入する（労災保険、雇用保険ごとの賃金総額、確定保険料、一般拠出金の額）。

❸ ❷の金額を参考に、賃金総額の見込額を記入、今年度の概算保険料額を計算して記入する。

❹ 前年度納めた概算保険料額を記入する。確定保険料から前年度の概算保険料を差し引き、その金額を記入する（プラスなら不足額を納付、マイナスなら還付）。

❺ 法人番号を記入する。

❻ 今年度の納付額を計算して記入する（第1期～第3期に分割。不足額や一般拠出金、端数は第1期の金額に上乗せする）。

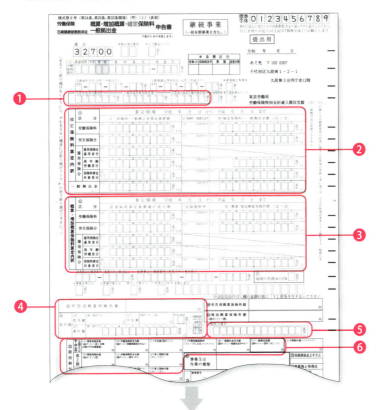

6月1日～7月10日の間に、労働基準監督署または取扱金融機関に申告・納付する

第二章 労務編　社員の手続きとルールをソツなく実践しよう　労務の年に一度の仕事

給与改定 　労務編 - 労務の年に一度の仕事

給与は、年に一度見直される

ポイント&ナビ
- 公正な給与算定のため「賃金表」は必須。
- 定期昇給とベースアップの違いをしっかり把握する。

　社員の給与を入社以降変更しないということは、まずありません。社員の勤続年数や成果、能力に応じて、変えていく必要があります。これを給与改定といい、通常年に一度行われます。

　給与改定には2種類あります。**1つは「定期昇給（定昇）」です。社員の年齢や能力の上昇に応じて、定期的に給与額を上げていくものです。**社員の生活費の上昇を考慮した年齢給や勤続給、個人の能力や業績に対する職能給などがあります。そのルールは「賃金表」に定められています。

　もう1つは「ベースアップ（ベア）」です。**賃金表自体を見直し、会社全体の給与を底上げするものです。**物価上昇や同業会社の給与水準に合わせる、業績向上分を社員へ還元する、などの理由で行われます。ただし、毎年必ず行われるものではなく、景気事情から「ベアゼロ（ベースアップなし）」も珍しくありません。

　また、雇用環境の変化などから、これまで重視されてきた「年功基準」が見直され、「職務基準」や「役割基準」の給与体系に変更する会社が増えています。

　社員の給与が見直されると、賃金台帳など関係書類を修正しなければなりません。毎月の社会保険料や雇用保険料、源泉徴収税額にも影響します（健康保険と厚生年金保険の手続きは右ページ）。変更内容によっては、就業規則の賃金規程の変更が必要な場合もあります。

＋αコラム　人事考課について労務が知っておくべきこと

　人事考課とは、社員の能力や仕事の成果を評価することです。人事考課により、昇給や昇格などが決まります。評価のポイントはさまざまですが、客観的な評価を行うために、評価項目を一覧にした「評価シート」を使用します。労務担当者は、勤怠管理などを行う立場から意見を求められることもあります。特に最近では、仕事の成果だけでなくそのプロセスも重視する傾向にあります。

大きな給与の変更は社会保険料にも影響する

給与改定は2種類

定期昇給
人事考課をもとに、会社が定めた「賃金表」などにより、年に一度ルールに則った昇給を行う。

ベースアップ
労使の交渉により、賃金表自体を見直す。近年は賃金水準を下げる改定も行われる。

↓

基本給の変更により、変更後3か月の標準報酬月額（→142ページ）が、以前より2等級以上（原則）変わった場合

注・変更が1等級以下なら、定時決定時（→150ページ）に変更すればよい。

健康保険・厚生年金保険　被保険者報酬月額変更届を提出する

❶ 被保険者整理番号、氏名、生年月日、元の標準報酬月額（健康保険と厚生年金保険）などを記入する。

❷ 変更のあった月から3か月の支払基礎日数、給与の額、合計額、平均額を記入する（→151ページ）。

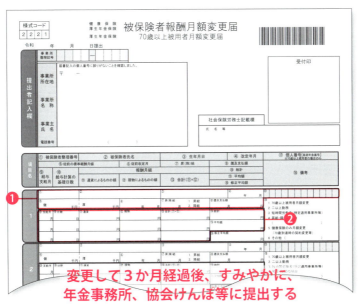

変更して3か月経過後、すみやかに、年金事務所、協会けんぽ等に提出する

第二章　労務編　社員の手続きとルールをソツなく実践しよう

労務の年に一度の仕事

155

賞与の計算

労務編 - 労務の年に一度の仕事

賞与にも税金や社会保険料がかかる

ポイント&ナビ

- 社会保険料は、賞与支給額の1000円未満を切り捨てた金額（標準賞与額）が基本。
- 賞与支給日から5日以内に届け出をする。

標準賞与額には上限がある

賞与は、会社ごとに支給基準や計算方法が異なります。もちろん、会社の業績も大きく影響します。

労務担当者にとっては、賞与支給に伴う社会保険料や税金の計算が重要です。

賞与から差し引く健康保険、厚生年金保険の社会保険料は、「標準賞与額」により計算します。標準賞与額とは、賞与額の1000円未満を切り捨てた金額です。これに、保険料率（健康保険は都道府県や協会けんぽ等により異なる）を掛けた額が保険料となります。給与からの保険料と同様、会社と社員の折半です。

これらを計算のうえ、賞与支払日から5日以内に「健康保険・厚生年金保険被保険者賞与支払届」「健康保険・厚生年金保険被保険者賞与支払届総括表」を、年金事務所か協会けんぽ等に提出します。翌月に「保険料納入告知書」が届き、毎月の社会保険料と一緒に、その月末までに納付します。

雇用保険料は、毎月の給与計算と同じ方法で行います（→144ページ）。

賞与にかかった所得税は翌月10日までに納付する

賞与に対する所得税を求めるには、「賞与に対する源泉徴収税額の算出率の表」を使います。「前月の社会保険料等控除後の給与等の金額」と、「扶養親族等の数」を、この表に当てはめて税率を求め、「賞与から控除するべき社会保険料等を差し引いた額」に掛けます。これが賞与にかかる源泉徴収税額となります。

源泉徴収した所得税は、「所得税徴収高計算書（納付書）」を添えて、支払月の翌月10日までに税務署や金融機関に納付します。

> **これはNG** 賞与が年4回以上になる場合は、社会保険料や税金の計算で、賞与ではなく「報酬」として扱われる。保険料額は、給与と合わせて計算することになる。

賞与の社会保険料と税金は、給与と計算が異なる

社会保険料

標準賞与額 × 保険料率

賞与の額から1000円未満を切り捨てた金額。

健康保険料 ＝ 標準賞与額 ×9.84%（40歳以上65歳未満 11.64%）÷2
＊協会けんぽ（東京都）の場合。また、標準賞与額の上限は573万円（1年間の累計）。

厚生年金保険料 ＝ 標準賞与額 ×18.3%÷2
注・標準賞与額の上限は1回当たり150万円。厚生年金基金に加入している場合は、各基金により異なる。

雇用保険料

賞与金額 × 3/1000（一般の事業の雇用保険料率・2020年度）

計算方法は給与と同じ（→144ページ）。

所得税

賞与金額 × 適用税率

適用税率は、右表により求めた適用税率を、社会保険料等を差し引いた後の賞与金額に掛けて求める。なお、税率には復興特別所得税が含まれている。

住民税

賞与にはかからない。

賞与に対する源泉徴収税額の算出率の表

第二章 労務編

社員の手続きとルールをソツなく実践しよう

労務の年に一度の仕事

157

募集

労務編 - 労務の年に一度の仕事

適切な人材を適切な方法で見出す

ポイント&ナビ
- 募集方法ごとの特性を知り、適切な方法を選ぼう。
- 労務が担当する業務を把握する。
- 不採用者にも、早めに丁寧に連絡する。

人材の募集・採用を行うには、ハローワークや人材紹介会社、新聞・雑誌、就職・転職サイト、自社ホームページなど、さまざまな方法がありますが、新卒なのか中途なのか、正社員なのかアルバイトなのかなど、**必要とする人材とマッチする方法をよく検討します**。広告などは、料金の比較も必要でしょう。募集の時点で、採用したい社員像を明確にしておくと、後の選考がしやすくなります。

募集をした後は、問い合わせに対応し、書類選考から採用試験、面接などと進みます。労務のかかわる範囲は、会社の方針や募集内容によりまちまちですが、労務が、応募書類で応募条件を満たしているかどうかチェックし、一定数まで絞り込む場合もあります。採用試験や面接では、会場の手配や試験問題の準備、当日の進行管理などを行います。

応募書類はできるだけ返却する

採用者が決定したら、電話か文書でできるだけ早く通知します。不採用の場合も、決定後1週間以内にはその旨を連絡しましょう。個人情報管理の観点から、**履歴書などの応募書類は、できるだけ返却するようにします**。

募集から採用までの流れ

募集	書類選考	採用試験・面接
右ページ図のような方法がある。目的に応じて適切な方法を選ぶ。その他、会社説明会を開くこともある。	基本的な応募条件を満たしているか確認する。履歴書など応募書類は個人情報なので、保管など取り扱いに注意する。	能力や経験、社会常識、マナーを見る。採用基準は事前にある程度決め、それを確認できる質問などを用意する。

募集方法によるメリット・デメリット

紹介募集を利用する

- ハローワーク
  無料だが、求人票が定型のため独自性を出しづらい。

- 人材紹介会社など
  求める人材を見つけやすいが料金が高い。

- 学校（高校や大学など）
  無料だが、制約やルールが多い。

広告などで募集する

- 新聞広告、求人情報誌、就職・転職サイト
  多くの人の目につきやすく、媒体を選べばより効果的に募集できる。媒体やスペース、広告期間によるが、比較的料金が高い。

直接募集する

- 自社ホームページなど
  時期にこだわらず、必要なときに求人情報を出せる。ただし、閲覧者が多くないと効果はうすい。

採用、不採用の決定
採用決定はできるだけ早く、電話または文書で連絡する。不採用者にもすみやかに連絡する。

→ **内定**
いったん内定を出すと、正当な理由なく取り消すことはできない。

→ **入社、勤務開始**
入社前には、必要に応じて研修などを行う。入社時には、事前送付した必要書類を提出させる。

第二章 労務編 社員の手続きとルールをソツなく実践しよう

労務の年に一度の仕事

労務編 - 労務の年に一度の仕事

会社のルール変更は手続きが必要になる

ポイント&ナビ
- 就業規則は、1年に1回は見直しをする。
- 新しい規則は周知徹底すること。
- 変更による他方面への影響も確認しておこう。

　賃金規程や労働時間、休暇・休日などについて定めた就業規則（→94ページ）は、社会環境の変化や法律の改正、業務の拡大などに伴い、定期的な見直し・修正が必要です。期限つきのルールもあります。

　そのため、1年に1回は就業規則や労使協定書などをひと通り見直して、実態との食い違いをチェックする必要があります。

　就業規則を変更するには、**まず会社として変更案を作成した後、労働組合や社員の代表者の意見を聞く必要があります。**代表者から「意見書」を受け取り（必ずしもその通りに修正する必要はない）、新しい就業規則（2部）と「意見書」、「就業規則（変更）届」（いずれも2部）を添えて、所管の労働基準監督署へ届け出ます。変更内容に問題がある場合、変更命令が出されることもあります。

労使協定が必要なものもある

　就業規則のなかでも、時間外労働や休日労働、1か月・1年単位の変形労働時間制、裁量労働制の導入や変更には、事前に労使で話し合い、書面による「労使協定」を結ぶ必要があります。

　新しい就業規則は、社内の掲示板に貼り出す、社内のホームページに掲載するなどの方法で、**変更を社員に周知徹底させなければなりません。**

 労働協約は労働組合と会社の約束

　労使協定のほかに、労使間で「労働協約」を結ぶことがあります。これは会社と労働組合が、労働条件など、労使関係に関する事項について合意したことを文書にして、双方が署名または記名押印して取り交わすものです。労働組合法に基づく特別のルールであり、就業規則に優先する強い拘束力を持ちます。

就業規則を変更するには

賃金規程、残業などの労働時間ルール、退職ルール、服務規律などの変更は、それを明記した就業規則（→94ページ）の変更が必要。

1 変更案をつくる

就業規則の内容案、変更案を検討して、条文化する。

2 社員の意見を聞く

社員（従業員*）に案を提示し、意見を聞き「意見書」などを作成する。

＊従業員の過半数を代表する、労働組合または労働者代表（管理監督者は認められない）。

- ただし、必ずしも社員や従業員の意見を反映させる必要はない。

3 労働基準監督署に届け出る

社員からの意見書を添えて、労働基準監督署に届け出る。

- 内容に不備や法令違反があれば、変更命令が出される。
- 特に、社員に対する「不利益変更」は、正当な理由がない場合は認められない。

4 社員に周知する

変更したことを、はっきり示さなければならない。

- 職場の見やすい場所に掲示する。
- 会社ホームページに掲載する。
- 文書や社内メールで配布する。など

労務の仕事・達成度チェックリスト

第二章を読んで実際に仕事を始めたら、
定期的に次の項目をチェックしましょう。
すべてにチェックが入るようになれば一人前です。

- ☑ 会社の労働時間や休日のルールを把握している（法律上のルールとの違い）。
- ☑ 法改正情報を定期的にチェックしている。
- ☑ 会社の就業規則で、どこにどんな記載内容があるかすぐわかる。
- ☑ パートやアルバイト、派遣社員、契約社員など、雇用形態ごとの労働条件のルールを把握している。
- ☑ 常に、会社の労働環境をよくすることを考えている。
- ☑ 会社の服務規定や懲戒、解雇のルールを把握している。
- ☑ 労災保険のルール（業務災害、通勤災害の適用範囲など）を把握している。
- ☑ 給与計算の流れとスケジュールを把握している。
- ☑ 月単位、年単位で、いつどんな業務を行うか把握している。

さあ、いくつチェックを入れられたかな？

すべてにチェック ➡ 労務担当者として一人前。周囲へのフォローなど、気配りも忘れずに。

チェックが5つ以上 ➡ 順調な成長ぶり。もうすぐ一人前です。がんばって！

チェックが5つ未満 ➡ 1つひとつの仕事を丁寧にこなしましょう。できることは日々増えていくはずです。

経理編

会社のお金の流れをしっかり把握しよう

3

項目	ページ	項目	ページ
経理の仕事のまとめ	164 〜 169	年末調整	206 〜 210
出納業務	170	年末調整の電子化	211
伝票の処理	172	源泉徴収票、支払調書	212
請求の流れ	174	決算の流れ	214
支払いの流れ	176	決算調整	216
経理の書類整理	178	棚卸と売上原価	218
複式簿記と帳簿	180	固定資産と減価償却	220
複式簿記のルール	182	減価償却	222
会計ソフト	184	引当金	224
帳簿の種類	186 〜 189	繰延資産	226
勘定科目	190	経過勘定	228
交通費	192	決算書（損益計算書）	230
交際費	194	決算書（貸借対照表）	232
経費の範囲	196	法人税の申告・納付	234
小切手	198	地方税の申告・納付	236
手形	200	消費税のしくみ	238
月次試算表の作成	202	消費税の申告・納付	240
債権の管理	204		

経理編 - 経理の仕事のまとめ

会社の「もうけ」に直結 正確さが欠かせない

ポイント&ナビ
- 会社のもうけに密接に関係する重要業務。
- 会社全体のお金の動きに目を配ろう。
- 仕事は1年単位で考える。

日常の帳簿入力から、請求・支払い、決算まで

　経理の仕事は、会社のお金にかかわる業務全般です。大きく、**帳簿にかかわる仕事**と、**決算にかかわる仕事**に分けることができます。

　帳簿にかかわる仕事が、経理の日常業務となります。会社のあらゆるお金の出入りを、現金出納帳などの帳簿（→180ページ）に記録していきます。月に一度は帳簿をまとめて、月次試算表を作成します。また、現金や預金など、会社のお金を正確に管理し、取引先への請求業務や支払業務を行います。毎月の給与計算が、経理の仕事に含まれる場合もあります。

　決算にかかわる仕事は、経理の年に一度の重要業務です。1年間（事業年度）の会社の事業活動を集計して、決算書を作成します。決算書の内容をもとに、法人税や法人事業税、さらには消費税を計算して、申告・納付します。

業績予測や資金計画を行う場合もある

　経理には、少額な事務用品の購入から会社全体の利益まで、お金がどこからどれだけ入ってきて、どこへどれだけ出ていったのかを正確に記録し、把握・管理していることが求められます。

　経理が作成する**金額に裏打ちされたデータは、会社の経営方針を検討し、決定するうえで欠かせません**。データから、業績予測や資金計画を行う場合もあります。つまり、経理の仕事は、会社の「もうけ」に直結しているのです。

　特に決算書などは、株主や銀行、取引先など、社外に対しても、明らかにしなければならない重要な書類です。

> **ひとくちMEMO** **まず1年間** 経理の仕事は決まったものが多く、1年が1つのまとまり。そのため、まず1年間経理の仕事を行うことで、仕事の全体像が見えてくる。

経理ってどんな仕事？

経理とは ▶ 会社の活動で生じるお金の出入りを、すべて正確に記録・管理する。会社のお金のエキスパート。

帳簿にかかわる仕事

- 取引先へお金を請求する。
- 取引先へお金を支払う。
- 社員が立て替えた必要経費の精算を行う。
- 取引などを帳簿に入力する。
- 月次試算表を作成する。
- 債権、債務の管理を行う。

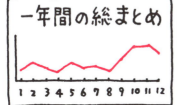

決算にかかわる仕事

- 1年間の売り上げをまとめる。
- 1年間の仕入れ、経費をまとめる。
- 固定資産の管理（減価償却）を行う。
- 決算書（損益計算書、貸借対照表）を作成する。
- 法人税や法人事業税などを計算・納付する。
- 消費税を計算・納付する。

第三章 経理編　会社のお金の流れをしっかり把握しよう

経理の仕事のまとめ

経理の1年間

経理編 - 経理の仕事のまとめ

税金を納める時期をしっかりつかもう

- 決算の前後が最もいそがしい時期。
- 期限のある業務に「うっかり」は許されない。事前にきちんと計画しておく。

経理の1年間の仕事・一覧表（例）

注・例は3月決算の会社の場合。

	4月	5月	6月	7月	8月
月に一度、年に一度の業務	決算作業 固定資産税・都市計画税の納付（第1期）※1 前月の帳簿締切→月次試算表作成	法人税などの申告・納付※2 事業所税の納付、自動車税の納付 前月の帳簿締切→月次試算表作成	前月の帳簿締切→月次試算表作成	固定資産税・都市計画税の納付（第2期） 前月の帳簿締切→月次試算表作成	前月の帳簿締切→月次試算表作成

＊1 納付時期は市区町村により異なる。
＊2 その他、法人住民税、法人事業税、消費税。

日常の業務
帳簿入力（現金、預金の管理）
必要経費の精算
請求書の作成、発送、入金確認（売掛金の管理）
受け取った請求書の確認、支払い（買掛金の管理）

経理の仕事は、日々帳簿にお金の動きを入力していき、年に一度の決算で総まとめを行う流れとなります。そのため、決算日（会社によって異なる）の前後数か月が、最もいそがしい時期です。

下図のようなスケジュールになりますが、業務の範囲や内容は、会社によって異なります。小さな会社では、総務や労務業務を兼務している場合も多いでしょう。**自分で年間のスケジュールを作成し、仕事が集中する時期を事前につかみ、予定通りに進めていくことが大切です。**特に、税金の申告・納付や請求・支払業務など、期限がはっきり決まっているものは、決して遅れるわけにはいきません。要注意です。

9月	10月	11月	12月	1月	2月	3月
中間決算作業 前月の帳簿締切→月次試算表作成	中間決算作業 前月の帳簿締切→月次試算表作成	中間申告・納税（法人税など） 前月の帳簿締切→月次試算表作成	固定資産税・都市計画税の納付（第3期） 年末調整事務 前月の帳簿締切→月次試算表作成	支払調書の提出 給与支払報告書の提出 源泉徴収票の交付 前月の帳簿締切→月次試算表作成	固定資産税・都市計画税の納付（第4期） 前月の帳簿締切→月次試算表作成	決算作業 前月の帳簿締切→月次試算表作成

帳簿の入力はこまめに行って、ため込まないこと！

第三章 経理編 会社のお金の流れをしっかり把握しよう

経理の仕事のまとめ

経理編 - 経理の仕事のまとめ

経理の心がまえ

会社全体の利益を常に念頭に置いて

ポイント&ナビ
- 会社全体のお金の動きを意識する。
- 日々の仕事は最終的に決算へつながる。
- 作業にはスピードと正確さが求められる。

与えられた仕事をこなすだけでは足りない

　経理担当者に求められるのは、スピードと正確さです。取引先への支払いや納税が遅れたり、金額が間違ったりすることは、あってはならないことです。帳簿の金額は、最終的に決算書にまとめて、会社の業績を外部に向けてアナウンスします。正確でなければならないのはいうまでもありません。

　これが第一歩ですが、さらに、目先の入出金だけにとらわれず、会社全体の利益を意識して、お金の動きを総合的にとらえる視野の広さも必要です。お金の出入りをつぶさに見ている経理担当者は、誰よりも会社のお金のことを知っています。経営方針や方向性について、上司や経営者に的確な意見を進言できるくらいになりたいものです。

重要な情報を扱うという自覚を持つ

　経理の仕事は、計画的に行わなければなりません。仕事の多くは、いつまでに何をしなければならないか、明確に決まっているためです。自分の担当業務を把握し、きちんと計画を立てて、その通りに進めましょう。行き当たりばったりでは、すぐに行きづまってしまいます。**一生懸命さも大切ですが、無理のないスケジューリングこそが重要です**。また、仕事で扱う書類やデータは重要なものばかりです。データや情報の管理は、ルールを決めて徹底しましょう。

　帳簿の作成は、会計ソフトの普及でずいぶん簡単になりましたが、最低限の簿記の知識は必要です。業務の理解度に大きな違いが出ますから、仕事と並行して勉強しておきましょう。

ひとくちMEMO **必ず上司に確認を**　お金の支払いや、請求書など経理関係の書類の送付などは、必ず上司に目を通してもらってから実行する。自分だけの判断は避けなければならない。

経理の心がまえ3か条

1 会社全体を見る視点を持つ

帳簿は、単なる金額の羅列ではありません。先月から、前年からの変化や傾向などを、読み取ることが可能です。小さな数字の変化が、実は大きなビジネスチャンスかもしれません。

2 会社の数字は話題にしない

売り上げや取引先への支払い、借金や会社の持つ資産状況などを他人にもらした場合、会社に損害を与えることもあります。会社の数字などは、ほかで話さないことです。インターネットなどへの書き込みも厳禁です。

3 計画を立てその通りに進める

毎日のお金の出入りを帳簿に入力し、定期的にまとめる仕事に加え、年に一度の決算期には、待ったなしの作業が発生します。1日、1か月、1年単位でしっかり計画を立て、遅滞なくこなしていきましょう。

経理編 - 経理の基本と日常業務

出納業務

毎日のお金の出入りを管理して記録していく

ポイント&ナビ
- 現金、預金など、1円たりとも食い違いがあってはならない。
- 後回しにせず、こまめな帳簿入力を心がける。

現金の残高と帳簿の残高は毎日照合する

　経理は会社のお金の出入りを管理します。仕事上の入金や支払いなどは、通常、銀行口座を通して行われるため、現金が動くことはありません。しかし、社員の交通費の精算や事務用品への支払いなどで必要になる「小口現金」は、手提げ金庫などを活用して、正確に管理しなければなりません（→右ページ図）。

　領収書などは、いったん手提げ金庫などに現金と一緒にしておき、定期的にファイリングして整理します。また、**現金の出し入れは、すみやかに「現金出納帳」（現金を管理する帳簿）に入力します**。1日の終わりには、現金の残高をチェックし、帳簿上の残高と照合して、両者が一致していることを確かめます。万一、過不足があった場合は原因を調べます。どうしても不明の場合は、帳簿上、「雑収入」「雑損失」という勘定科目（→190ページ）で処理します。

預金通帳はこまめに記帳する

　預金にはいくつかの種類があり、そのうち会社のお金を動かすのは、主に当座預金です。預金通帳はこまめに記帳して、入出金状況を常に把握するようにします。そのうえで、**預金を管理する帳簿である「預金出納帳」に、定期的な入力が必要です**（通帳ごとに作成する）。預金通帳の内容を転記するだけなので、難しい作業ではありませんが、通帳と帳簿では、入金欄と出金欄の位置が逆になっているため、入力ミスに注意が必要です。

　その他、取引では、小切手（→198ページ）や手形（→200ページ）が使われることもあります。金額や期日を確認したうえで、厳重に管理してください。

> **これはNG**　帳簿への入力を後回しにしすぎてはダメ。計算が合わない場合、さかのぼって調べる範囲が広くなり、時間がかかるうえ、原因が特定できないケースも増えてしまう。

小口現金を正確に管理する手順の例

銀行 現金を引き出す

手提げ金庫などで管理する

現金は1円単位で対応できるよう、硬貨と紙幣を過不足なく用意しておく。

その日のうちに現金出納帳（→188ページ）に入力する

経費の精算、仮払金などの出金

残金＋領収書などの金額＝最初に引き出した金額になるよう管理する

出金と引き換えに、領収書、出金伝票、メモなどを金庫に入れる

一定期間ごとに（1週間など）、使った金額分を銀行から引き出し、金庫に入れる

銀行

金庫のなかの合計金額はいつも同じ

口座は用途で使い分ける

普通預金
- いつでもお金の出し入れができる。
- 利息は低めなので、高額を預けるには不利。

当座預金
- 手形や小切手の決済をするために開く口座。
- 利息はつかない。

定期預金
- あらかじめ定めた期間、引き出すことができない。代わりに、利息が高めにつく。

通知預金
- 預け入れから一定期間（おおよそ7日以上）引き出せず（据置期間）、その後の引き出しには事前通知が必要。有利な利息がつく。
- 企業の短期の資金運用などで使われる。

第三章 経理編 会社のお金の流れをしっかり把握しよう

経理の基本と日常業務

経理編 - 経理の基本と日常業務

経理の第一歩は3つの伝票

ポイント&ナビ
- 伝票を起こしたら、必ず現金出納帳などに転記する。
- 振替伝票の起票には仕訳の知識が必要。
- 必ず上司などの承認印を受ける。

取引があったら仕訳伝票を起こす

多くの会社では、取引を「仕訳伝票」に起こして管理します。仕訳伝票には、「入金伝票」「出金伝票」「振替伝票」の3つがあります（売り上げと仕入れは別の伝票とする場合もある）。**現金での取引には入金伝票と出金伝票、現金以外の取引には振替伝票を使用します**（すべての取引を振替伝票で行うことも可能）。

入金伝票、出金伝票には、取引の内容、金額、日付、勘定科目を記入します。いずれも起票後は、その内容を現金出納帳に転記します。

振替伝票では、「借方」「貸方」に仕訳をして（→182ページ）、それぞれの勘定科目と金額を記入する必要があります。借方と貸方の金額の合計は必ず一致します。起票後は、その内容・金額を該当する帳簿に転記します。

入金伝票、出金伝票でも、本来仕訳が必要ですが、借方、貸方いずれかが常に「現金」であるため、省略されています。

必ず複数の目で内容確認

伝票による取引管理は、1つの取引につき伝票が1枚つくられるため、並べ替えなどの整理がしやすく、取りまとめやチェックの際、複数の社員が作業できるなどのメリットがあります。

伝票には、起票者や伝票内容を承認した人などが押す、押印の欄が複数あります。お金のやりとりは非常に重要度が高く、**間違いやごまかしを避けるため、必ず複数の社員が確認するようになっているのです**。仕訳伝票を確認にまわす場合は、領収書や請求書をセットにしておくとよいでしょう。

ひとくちMEMO　伝票作成の基本 ①金額などの読み誤りを避けるため、丁寧に書く、②改ざんを防ぐため、ボールペンなどで書く、などに気をつける。

3つの伝票の違いを押さえる

現金が入ってきたとき

入金伝票

- お金の入った年月日、入金先の名称、相手勘定科目（→190ページ）、取引の内容（できるだけ具体的に）、金額を記入する。
- 一般に赤色で印刷されている。

```
入金伝票                          No._____
20××年5月15日
┌コード┬入金先┐ ○○株式会社 様
勘定科目  摘要           金額
売上    ○○ジュース2ケース@3000  6000

合  計                    6000
```

現金の支払いがあった

出金伝票

- お金を支払った年月日、支払先の名称、相手勘定科目（→190ページ）、取引の内容（できるだけ具体的に）、金額を記入する。
- 一般に青色で印刷されている。
- 領収書のない経費処理でも使われる。

```
出金伝票                          No._____
20××年8月8日
┌コード┬支払先┐ △△果実株式会社 様
勘定科目  摘要           金額
仕入    △△みかん10箱@1000   10000

合  計                   10000
```

現金以外の取引があったとき

振替伝票

- 取引の発生した年月日、借方の勘定科目と金額、取引の内容（できるだけ具体的に）、貸方の勘定科目と金額を記入する。
- 掛売上や銀行振り込み、手形振り出しなど、現金以外のお金のやりとりを記入する。
- 記入には仕訳（→182ページ）の知識が必要。

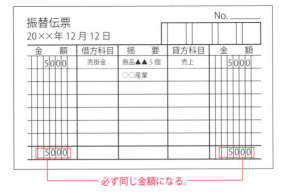

必ず同じ金額になる。

注・ここでは省略しているが、消費税についてはいずれも通常税率（10％）と軽減税率（8％）の区分が必要。

第三章 経理編　会社のお金の流れをしっかり把握しよう　経理の基本と日常業務

経理編 - 経理の基本と日常業務

請求書は締め日ごとに出す

ポイント&ナビ
- 自社の締め日、取引先の締め日を頭に入れておこう。
- 代金未収の売掛金は、支払日をしっかり把握しておく。
- 証憑はわかりやすくファイリングする。

取引の支払いは「掛け」が一般的

会社は、日々の取引により、売上代金を得て「もうけ」を出します。商品やサービスの提供と現金を、直接引き換えにする場合もありますが、通常、「請求書」を取引先に発行して、支払いを求めます。請求書を発行して、代金を受け取るまでに数か月かかることも珍しくありません。**これを掛け取引といい、売り上げの未収金額を「売掛金」といいます。**経理では、請求書発行後、代金回収までを正確に管理しなければなりません。

請求書は、多くの場合、自社の締め日や取引先の締め日に合わせて発行します。締め日は1か月単位が一般的です。

売り上げを計上するタイミングは変えないこと

請求書の作成・発送とともに、振替伝票を起こして、得意先元帳など関連帳簿に入力することが必要です。これを「売り上げの計上」といいます。

売り上げを計上するタイミングは、商品を出荷したとき（出荷基準）、商品を取引先に納品したとき（納品基準）、取引先による商品の検収・検品が済んだとき（検収基準）などがあります。どのタイミングでもかまいませんが、会社でルールが決まっているはずなので、それにしたがいます。なお、基準は大きな理由でもない限り変更してはいけません。

取引の流れのなかでは、その間に納品書や請求書など、さまざまな文書を発行したり、受け取ることになります。これらの文書を「証憑」といい、分類のうえ保管することが必要です。

> **ひとくちMEMO　区分経理**　消費税引き上げに伴う軽減税率の実施により、請求書や帳簿でその区分を明らかにする必要がある（区分経理／インボイス制度→9ページ）。

取引と請求業務の流れ（商品を販売する場合）

注文書を受け取る → **商品の発送・納品**（発送確認後、注文書をファイリング） → 納品書を作成、発送する（納品書控えをファイリング） → 請求書を作成、発送する（請求書控えを未入金ファイルにファイリング） → **入金** → 請求書と入金額をつき合わせる（請求書控えを入金済みファイルにファイリング） → 領収書を作成、発行する＊（領収書控えをファイリング）

通常、経理がかかわるのは、請求書発行から領収書発行部分。会社によって範囲は異なる。

振替伝票を起こし、得意先元帳に入力する。

振替伝票を起こし、得意先元帳に入力する。

＊振込の場合は、発行しないことが多い。

第三章 経理編 会社のお金の流れをしっかり把握しよう　経理の基本と日常業務

請求書の書き方のポイント

❶ 請求書の通し番号、請求年月日は必ず記入する。

❷ 押印（不要の場合あり）。

❸ 請求内容の内訳は、納品日、商品名、数量、金額（適用税率）。継続する取引相手の場合、締め日などで１枚にまとめる。

区分経理の対応例

軽減税率対象品名に記号等をつける、税率ごとの合計金額の記載、記号等が軽減税率を示すことの明記。
そのほか、税率記入欄を設ける、税率ごとに請求書を分けるなど。

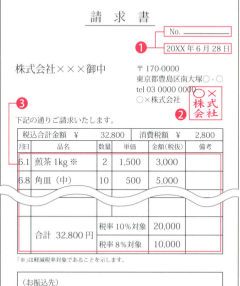

請求書

No.　　　　　
❶ 20XX年6月28日

株式会社×××御中

〒170-0000
東京都豊島区南大塚○-○
tel 03 0000 0000
○×株式会社 ❷ ○×株式会社

❸ 下記の通りご請求いたします。

税込合計金額 ¥		32,800	消費税額 ¥		2,800
月日	品名	数量	単価	金額（税抜）	備考
6.1	煎茶 1kg ※	2	1,500	3,000	
6.8	角皿（中）	10	500	5,000	

合計 32,800 円	税率10％対象	20,000
	税率8％対象	10,000

「※」は軽減税率対象であることを示します。

（お振込先）
○○銀行　大塚支店
普通預金　000000
口座名義　○×株式会社
※お手数ですが、お振込の際は支払人氏名の前に請求書番号の記入をお願いいたします。

支払いの流れ

経理編 - 経理の基本と日常業務

期日通りの支払いが信頼関係の基礎となる

ポイント&ナビ
- 納品書、請求書がきたら経理業務が始まる。まず支払期日を確認する。
- 買掛金は、支払先ごとの「仕入先元帳」で管理する。

納品書、請求書の内容を記帳する

　商品などを仕入れる場合には、まず仕入金額の見積書を出してもらい、合意できた条件により契約し、商品を注文します（注文書や発注書を発行する）。商品が納品されたら、納品書や注文書と照合（検収）したうえで受け取ります。

　経理の業務は、通常、納品書や請求書が送られてきたところから始まります。納品書や請求書の金額を確認したら、仕入先元帳などの帳簿に、「仕入」として計上します。**これを「買掛金（かいかけきん）」といいます。支払いの義務はあるが、まだ支払っていないお金です。**

　仕入れを帳簿に計上するタイミングは、会社により、取引先の出荷時（出荷基準）、商品などを受け取ったとき（受取基準）、検収が済んだとき（検収基準）などがあります。

正しく支払い信頼関係を築く

　支払いは、継続取引なら、取引先の締め日ごとにその期間の金額を合計するなどして、自社または取引先の支払期日に行います（契約時に、「締め日」「支払日」「支払方法」などの了解を得ておくこと）。支払いが完了したら、振替伝票を起こし、仕入先元帳に入力して買掛金と相殺します。

　仕入先元帳は買掛金元帳ともいい、取引先ごとに作成します（サービス業など、仕入れのない業種では不要の場合もある）。この帳簿により、どの取引先にいくらの買掛金があるか、ひと目でわかります。**買掛金を正しく管理して、取引先との信頼関係を継続していくために欠かせない帳簿です。**

> **ひとくちMEMO　仕入割引**　契約条件より早めに代金を支払うことで、早めた日数分の金利相当額の返金を受けるしくみ。こうした条件は、事前に契約に盛り込んでおくことが必要。

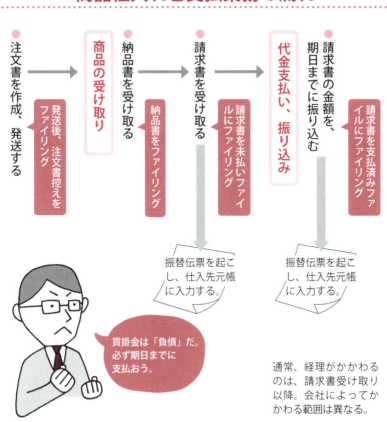

商品仕入れと支払業務の流れ

- 注文書を作成、発送する → 発送後、注文書控えをファイリング
- 商品の受け取り
- 納品書を受け取る → 納品書をファイリング
- 請求書を受け取る → 請求書を未払いファイルにファイリング → 振替伝票を起こし、仕入先元帳に入力する。
- 代金支払い、振り込み
- 請求書の金額を、期日までに振り込む → 請求書を支払済みファイルにファイリング → 振替伝票を起こし、仕入先元帳に入力する。

買掛金は「負債」だ。必ず期日までに支払おう。

通常、経理がかかわるのは、請求書受け取り以降。会社によってかかわる範囲は異なる。

第三章 経理編 会社のお金の流れをしっかり把握しよう ── 経理の基本と日常業務

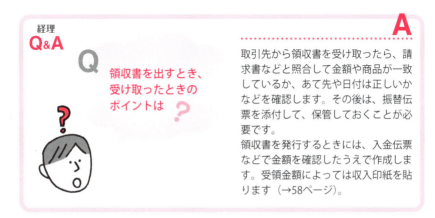

経理 Q&A

Q 領収書を出すとき、受け取ったときのポイントは？

A 取引先から領収書を受け取ったら、請求書などと照合して金額や商品が一致しているか、あて先や日付は正しいかなどを確認します。その後は、振替伝票を添付して、保管しておくことが必要です。
領収書を発行するときには、入金伝票などで金額を確認したうえで作成します。受領金額によっては収入印紙を貼ります（→58ページ）。

経理編 - 経理の基本と日常業務

書類は、未処理／処理済みをはっきり分けよう

ポイント&ナビ
- 書類は、未処理と処理済みに分類するのが基本。
- 書類の分類・整理は受け取ったらすぐに行う。
- 書類の保存期間は法律で決められている。

書類の整理で仕事をスムーズに

経理担当者のところには、請求書や領収書、各種伝票など、作成した書類、取引先から受け取った書類、常にさまざまな書類が集まってきます。

日ごろから、こうした書類を作成したとき、受け取ったときには、すぐに整理することを心がけてください。ファイリングの際は、書類の種類ごと、取引先ごと、日付ごとなどによって、明確に区別しておくことが大切です。

特に、**経理の仕事をスムーズに進めるうえで重要なのは、書類を「未処理」「処理済み」に分けることです。**

たとえば、請求書の場合、まず、自社で発行したものの控えと取引先から受け取ったものに分けたうえで、入金や支払いが完了するまでは、未入金、未払いにファイルします。後日、入金の確認、支払いの確認ができたところで、入金済み、支払い済みファイルに移します。

この手順をふむことで、処理のもれを防ぐことができます。また、未処理ファイルをチェックすることで、入金・支払いの遅れを確認することもできます。

保管は後で検索しやすいように

これらの書類は、取引が終わったからといって、捨ててよいものではありません。**書類の種類によって、法律により、保存期間が定められています。その間は破棄することはできません。** また、保管書類は、税務調査などで過去の書類の開示を求められたときなどに備え、検索しやすいように分類しておきましょう。

なお、書類の保存・整理については、52ページも参照してください。

> **これはNG** 経理担当者のデスクまわりが乱雑なのはNG。重要書類などが探さないと見つからないようでは、業務に支障をきたす。常に整理整頓を心がけよう。

経理関係書類は、手順を決めて管理する

請求書

| 入金予定日ごとに分けると便利 | | 取引先別、または請求月別に分ける |

発行 ➡ 未処理ファイルや未処理箱などに入れる ➡ **入金確認** ➡ 入金済みファイルに移す

| 支払い予定日ごとに分けると便利 | | 取引先別、または請求月別に分ける |

受け取り ➡ 未処理ファイルや未処理箱などに入れる ➡ **支払い** ➡ 支払い済みファイルに移す

振替伝票

入力済みのチェックマークをつける

発行 ➡ 各帳簿に入力 ➡ 日付順に保管する

領収書

入力済みのチェックマークをつける

受け取り ➡ 各帳簿に入力 ➡ 日付順(月ごとなど)に保管する

スクラップブックに糊づけするなど、検索しやすい方法を

見積書、納品書

発行した、受け取った ➡ それぞれ、日付順、取引先別に保管する

いずれも保存義務は **7年**
(税法による保存期間)

注・欠損金が出した場合、その年度の帳簿類は10年の保存が必要となる。

第三章 **経理**編 会社のお金の流れをしっかり把握しよう

経理の基本と日常業務

179

複式簿記と帳簿

経理編 - 経理の基本と日常業務

毎日の伝票、帳簿は複式簿記でつくられる

ポイント&ナビ
- 「簿記」とは取引を記録、集計して、決算書を作成するためのルール。
- 複式簿記は、1つの取引を2つの側面から記録する。

　経理の仕事では、会社のすべてのお金の動きを、「帳簿」にもれなく記録することが必須です。帳簿への記録は、簿記というルールにしたがいます。簿記には、単式簿記と複式簿記という種類がありますが、**会社の帳簿は複式簿記を採用しなければなりません**。

　複式簿記の特徴は、取引を「仕訳(しわけ)」という方法により、2つの側面から記録していくことです（→182ページ）。帳簿に記録していくためには、複式簿記の知識が欠かせません。

毎日の帳簿から決算書をつくる

　帳簿入力は、次のような流れで行います。まず、日々取引が発生するごとに、請求書や領収書、各種の伝票などをもとに、その取引内容を、**現金出納帳や預金出納帳、得意先元帳、仕入先元帳など（補助簿という）に入力していきます**。これが毎日行う帳簿入力の作業です。また、月に一度、月次試算表を作成したり（→202ページ）、日々の帳簿を総勘定元帳（→187ページ）などにまとめることが必要になる場合もあります。

　帳簿に入力したデータは、年に一度とりまとめます。これが「決算」です。決算では、貸借対照表や損益計算書などの決算書を作成します。

 簿記には「単式」もある

　「単式簿記」は、お金の出入りのみを記録していく方法です。小遣い帳や家計簿のように、はじめにいくらあって、何にいくら使って、いくら残ったか、を記録していきます。専門知識が不要で、そのときどきの収支のようすは一目瞭然ですが、資産の状況や財務状態の健全性などはわかりません。会社では、正確な会計が求められるため、単式簿記は認められません。

帳簿入力から決算までの流れ

日々の帳簿業務

取引の発生
- 売り上げ、仕入れ、必要経費の支払い、など。

↓

請求書や領収書、預金通帳などから伝票を起こす
- 仕訳（→182ページ）により、取引を分類する。
- 会計ソフト利用では、伝票をつくらず、直接帳簿に入力する場合もある。

↓

帳簿に取引を入力する
- 現金出納帳、預金出納帳、得意先元帳、仕入先元帳など（→186ページ）。

↓

総勘定元帳に転記する 月次試算表をまとめる（→202ページ）
- 会計ソフトなら、どちらも自動集計できる。

↓

決算業務

決算の準備をする
- 決算調整（減価償却費の計上など）を行い（→216ページ）、精算表をつくる。

↓

決算書をつくる
- 損益計算書、貸借対照表など（→230、232ページ）。

帳簿入力がすべて「複式簿記」で行われていなければ、決算書をつくれない。

知っておきたい経理知識 ❶　〈複式簿記のルール〉

複式簿記の第一歩は取引を「貸方」「借方」に分けること

　複式簿記では、すべての取引を「仕訳」したうえで、帳簿に入力します。**仕訳は、取引を「原因」と「結果」の２つの側面に分けてとらえることから始めます**。たとえば、１万円で商品Ａを買った場合には、「商品Ａを買った（手元に商品Ａが増えた）」＝原因、「１万円を支払った（現金が１万円減った）」＝結果という２つの側面に分けられます。

日常的に使う仕訳を覚えてしまおう

　取引を２つに分けたら、それぞれを振替伝票の左右に振り分けた後、帳簿に入力します。**右側を「貸方」、左側を「借方」**といいます。右側、左側の判断は、ボールを右手で投げて左手で捕るキャッチボールをイメージするとよいでしょう。先の例でいえば、投げるのが現金、捕るのが商品と考えるのです。

　実際の仕訳では、取引の原因と結果が判断しづらく、貸方、借方の振り分けや、振り分けの際につける「勘定科目」（→190ページ）に迷うこともあるでしょう。勉強していくしかありませんが、日常的に使用する仕訳のパターンはほぼ決まっており、自動的に左右の振り分けができる会計ソフトも普及しています。そうおそれることはありません。

　なお、仕訳は１つの取引を２つの側面から見ただけなので、金額が違うことはあり得ません。**貸方と借方の金額は、必ず一致しなければなりません。**

仕訳はキャッチボールのイメージで

右手（貸方）で投げる、
左手（借方）で捕る。

仕訳のルール・初歩の初歩

1 取引の内容を、原因と結果の２つに分ける

例 「200円のノートを買った」場合
ノートを手に入れた（ので） → 200円を支払った
　　　（原因）　　　　　　　　　（結果）

2 「貸方」と「借方」に振り分ける

> これが複式簿記に必須の手順

- 貸方は振替伝票の右側、借方は振替伝票の左側。
- 右手（貸方）で投げる、左手（借方）で捕る、と考える。

例 ノートを手に入れた　　200円を支払った
　　　　　↓　　　　　　　　　　↓
　　　左側＝借方　　　　**右側＝貸方**

3 それぞれに勘定科目を当てはめる
（勘定科目とは、すべての取引内容につける簿記上の名称→ 190 ページ）

例 ノートを手に入れた　　200円を支払った
　　　　　↓　　　　　　　　　　↓
　　　消耗品費　　　　　　**現金**

➡ 具体的な記入例は→ 189 ページ

注・入金伝票、出金伝票では、「現金」が省略されているため左右がなく、記入するのは「消耗品費」（相手勘定科目）だけで済む。

4 すべての取引について、１〜３の作業を行う

- 実際に使う仕訳のパターンは、会社によってほぼ決まっているため、いったん覚えてしまえば迷うことは少ない（例外のみ調べればよい）。

第三章　経理編　会社のお金の流れをしっかり把握しよう

経理の基本と日常業務

経理編 - 経理の基本と日常業務

パソコンの利点を帳簿作成に生かす

ポイント&ナビ
- 入力の段階でミスのないよう、正確に入力する。
- 入力内容は定期的にチェック。
- ソフトの機能をフル活用して経営に役立てよう。

会計ソフトはもはや欠かせないツール

　最近の経理業務では、帳簿作成のために「会計ソフト」を導入することが一般的になってきています。仕訳伝票を起こした後、その内容を会計ソフトに入力しておけば、**月次試算表や総勘定元帳への集計は、自動的に、しかも正確に行えます**。さらに入力したデータをもとにすれば、決算時に、試算表や貸借対照表、損益計算書といった形式にまとめ直すことも難しくありません。

　経理にかかわるソフトは、帳簿入力限定のものから、生産、販売、営業管理などに対応するものまでさまざまです。会計処理だけでなく、請求書や明細書作成、給与計算、登記書類作成、議事録作成などの機能がついたソフトもあります。

データの管理を適正に行う

　会計ソフトがどれだけすぐれていても、入力内容の判断・実際の入力は人が行います。**会計ソフトはあくまで道具、会社のお金の動きなどをしっかり理解したうえで、使いこなしましょう。**

　注意したいのは入力ミスです。会計ソフトの計算は正確でも、勘定科目や金額などの入力内容が間違っていては、どうしようもありません。正確な入力を心がけ、試算表などを使って、月に1回は入力内容をチェックします。

　会計データの入ったパソコンは、アクセスできる人をあらかじめ制限しておくことも必要です。さらに、ネットワークで結ばれた環境では、情報の漏出防止の手立てを事前に講じておきます。また、不測の事故などに備え、定期的にバックアップをとることを習慣にしておきましょう。

> **ひとくちMEMO　初期設定が大切**　会計ソフトを導入するときは、初期設定を会社に合ったものにすること。勘定科目や補助簿の設定に無駄があると、よけいな手間が発生しかねない。

会計ソフト活用の6つのメリット

❶ 計算ミスがない！
入力した金額の合計などは自動的に行われる。入力ミスさえなければ、計算に間違いは起こらない。

❷ 修正が簡単！
入力ミスは打ち直せば済む。手書きの場合、訂正個所を二重線で消し、訂正印を押すなどの手間がかかる。日付が前後した場合の並べ替えも容易。

❸ コピー＆ペーストが便利！
繰り返し使用する勘定科目や取引内容は、登録しておけば選択するだけで入力できる。

❹ データ検索がしやすい！
いったん入力したデータは、検索機能を使えばすぐ見つけることができる。

❺ 仕訳の知識が最小限で済む！
補助簿（現金出納帳や預金出納帳など）から入力すれば、そのデータから、自動的に仕訳がされて、仕訳帳や総勘定元帳を作成できる。転記作業がないため、転記ミスもない。

❻ 試算表などが簡単につくれる！
月次試算表や精算表など、帳簿データからさまざまな表が簡単につくれる。グラフ化などもできる。

いくら便利といっても使うのは人間。正しく入力するのが大前提だ。

第三章 経理編 会社のお金の流れをしっかり把握しよう

経理の基本と日常業務

帳簿の種類❶

経理編 - 経理の基本と日常業務

会社に必要な帳簿は1種類だけではない

ポイント&ナビ
- すべての取引を明らかにする総勘定元帳は必須。
- 会社で使用しているそれぞれの帳簿の特徴や有用性を理解しておこう。

会計ソフトなら、主要簿は自動的につくられる

取引内容を明らかにするために、帳簿は不可欠です。帳簿にはいくつかの種類があり、それぞれ役割が異なります。

帳簿は、大きく主要簿と補助簿に分けることができます。会社が複式簿記により帳簿作成を行うとき、必ず作成しなければならないのが主要簿、主要簿をつくるために、補助的につくられるのが補助簿です。主要簿と補助簿には、右ページのようなものがあります。会計ソフトなら、補助簿を作成すればそのデータにより、主要簿は自動的に作成できます。

必要となる帳簿は、会社によって違う

補助簿は必須帳簿ではありませんが、実際の作業では、補助簿への入力が中心となります。現金の入出金を記録する「現金出納帳」、預金の入出金を記録する「預金出納帳」（口座ごとに作成する）、得意先ごとの売掛金を管理するための「得意先元帳（売掛金元帳）」、仕入先ごとの買掛金を管理するための「仕入先元帳（買掛金元帳）」などがあります。

これらの補助簿は、会社にとって必要なものだけを作成します。仕入れのない業種なら仕入先元帳は不要です。手形をよく使用する会社なら、「支払手形記入帳」を準備します。経費が多く発生する場合には、現金出納帳から「経費帳」を独立させることもあります。

預金出納帳などに記録した内容は、得意先元帳など他の帳簿に転記することが必要でしたが、会計ソフトで帳簿を連動させておけば、その手間は不要です。

これはNG 会計ソフトを活用すれば、さまざまな補助簿を簡単につくれるが、安易に増やさないこと。補助簿が増えれば、それだけ管理に手間がかかる。

帳簿には「主要簿」と「補助簿」がある

主要簿 決算書をつくるために必要な帳簿。どんな会社でも必ずつくられる。

総勘定元帳
すべての取引内容を、勘定科目ごとにまとめたもの。複式簿記の必須帳簿。会計ソフトなら自動作成できる。

仕訳帳（仕訳伝票）
すべての取引を仕訳して、発生順にまとめたもの。複式簿記の必須帳簿。仕訳伝票で代用できる。

補助簿 取引内容別、取引先別などでつくられる帳簿。主要簿を補完する役割を持つ。

現金出納帳
現金のやりとりをまとめる帳簿。入金伝票、出金伝票から転記する。常に手元の現金残高と一致していることが必要。

預金出納帳
銀行口座を通したやりとりをまとめる帳簿。口座ごとに作成する。週に一度など、間隔を決めて通帳から転記する。

得意先元帳（売掛金元帳）
得意先ごとに売掛金を管理する帳簿。1つの取引について、売掛金の発生時と回収時に記録する。

仕入先元帳（買掛金元帳）
仕入先ごとに買掛金を管理する帳簿。1つの取引について、買掛金の発生時と支払時に記録する。

> そのほか、受取手形の管理をする受取手形記入帳、固定資産を管理する固定資産台帳などがあります。会社によって、使う帳簿は異なります。

帳簿の種類❷

経理編 - 経理の基本と日常業務

帳簿の入力はこまめに、正確に

ポイント&ナビ
- 現金出納帳と預金出納帳への入力頻度が最も多くなる。
- 得意先元帳、仕入先元帳への入力は月に一度程度でよい（作業量にもよる）。

現金出納帳へは毎日入力する

186ページで解説したように、帳簿には会社によっていくつかの種類があります。なかでも日々の仕事として最も多いのは「現金出納帳」への入力です。

現金の入金・出金が発生するごとに、金額、取引内容や勘定科目を入力し、1日ごとに、帳簿上の残高と実際の現金の残高を照合します。**ポイントは「日々こまめに入力する」**ことです。日が経ってしまうと、金額に疑問が生じたとき、その原因がたどりづらくなるためです。また、経費の支払いなども、記録の残る振り込みを活用すれば、入力の負担を減らすことができます。

預金を管理する「預金出納帳」は、毎日入力する必要はありませんが、口座のお金の出入りの状況をきちんと把握するため、できるだけこまめに入力するように心がけます。

売掛金・買掛金は、発生時と回収（支払い）時に入力する

得意先元帳（売掛金元帳）では、売掛金の発生時（→174ページ）に金額や内容を入力し、その後、入金を確認したら売掛金回収を入力し、売掛金残高と相殺します。仕入先元帳（買掛金元帳）では、買掛金の発生時（→176ページ）に金額や内容を入力します。その後、請求書などに基づき代金を振り込んだら、その旨を入力して、買掛金残高と相殺します。

業種にもよりますが、日々たくさんの売掛金、買掛金が発生する業種でなければ、**月に一度程度、まとめて入力してもよいでしょう。**このとき、売掛金や買掛金の状況をチェックして、入金遅れや支払いもれを確認します。

 その他の帳簿は、項目の分量などで入力ペースを決めればよいが、入力前は、関係する書類を放置してよいわけではない。整理しておき、現在の状況がすぐわかるようにしておく。

会計帳簿の入力例

帳簿に入力する情報

1つの取引ごとに、

「いつ」「誰に・何を」「いくら」 ＋ その取引の勘定科目

現金出納帳は1日一度

入出金伝票から、その都度または1日分をまとめて入力していく。

伝票にこの番号を書き込んで、対応させるとよい。

よく使う取引は登録しておくと、入力の手間が省ける。

月日	伝票番号	相手勘定科目	摘要	収入	支出	残高
04/01	001		前月より繰越			20,000
04/02	002	普通預金	ABC銀行より引き出し	80,000		100,000
04/02	003	消耗品費	ボールペン（赤・10本）△△文具店		800	99,200

Check!
振り込みや一括購入を活用すれば、入力の数を減らせる。

得意先元帳は月に一度

1つの取引について、請求書発行日、その売掛金回収日の2回入力する。業種によるが、月に一度程度まとめて入力する。

勘定科目は、売掛金発生は「売上（高）」、売掛金回収は「普通預金」「現金」。

請求書から請求金額を転記する。消費税は「税込」「税別」いずれかに統一する。

入金された金額は、請求書通りか確認する。

未回収の売掛金残高を表す。

月日	相手勘定科目	摘要			売上金額	受入金額	残高
		品名	数量	単価			
06/15	売上	××商品	2	20,000	40,000		40,000
06/15	仮受消費税等				4,000		44,000
07/15	普通預金	売掛金回収				44,000	0

Check!
入力後は、残高と回収額のチェックを忘れずに。

第三章 経理編　会社のお金の流れをしっかり把握しよう

経理の基本と日常業務

知っておきたい経理知識 ❷ 〈勘定科目〉

すべての取引は
勘定科目で区分する

　勘定科目とは、帳簿や決算書で、取引内容を区分するために使う名称です。取引を帳簿に入力するときは、必ず勘定科目が必要です。

　仕訳や帳簿入力では、どの勘定科目を使うべきか迷うことも多いでしょう。仕訳と同様、日常的に使われる勘定科目は限られるため、基本的なものを頭に入れておき（会社により、勘定科目の名称や、どの勘定科目に何を入れるかなどが、異なることがあるので注意）、例外的な入出金にはその都度対応して、知識を増やしていきましょう。

　勘定科目は、決算書の「資産、負債、純資産、収益、費用」というグループごとに設定されています（→230、232ページ）。この区分と勘定科目の対応も、きちんと押さえておきましょう。

決算書の５つのグループと主な勘定科目

貸借対照表に入る勘定科目

資産	流動資産（１年以内に現金化、費用化できる資産）	預金	銀行などに預けたお金
		受取手形	取引先から受けた手形（→ 200 ページ）
		売掛金	売り上げのうち未回収のお金
		未収入金	売り上げ以外で未回収のお金
		短期貸付金	１年以内に返済されるお金
		商品・製品	仕入れた商品や製造した製品
		立替金	取引先などのために立て替え払いしたお金
		仮払金	細目が決まっておらず後日精算されるお金
		前払費用	当期に支払うが、翌期の費用となるお金

資産	固定資産（長期にわたって使われる資産）	建物	会社所有の店舗、事務所、工場など
		機械装置	工場や作業場で使われる製造設備
		工具器具備品	工作用具やパソコンなど
		電話加入権	電話を利用するための権利にかかる費用
		投資有価証券	投資を目的とした株式や投資信託
		差入保証金	取引や賃借などの保証として支払うお金
負債		買掛金	仕入れの代金のうち未払いのお金
		支払手形	支払いの期日が決められている手形
		未払金	仕入れ以外で未払いのお金
		短期借入金	返済期間が1年以下の借金
		預り金	一時的に預かったお金（天引きした源泉所得税など）
		長期借入金	返済期間が1年を超える借金
純資産		資本金	株主からの出資金

損益計算書に入る勘定科目

収益	売上（高）	本業により得た収益
	受取利息	預金や貸付金につく利息
費用	給料手当	社員の給料や賞与など
	福利厚生費	社内のお茶代、社員旅行費用、親睦費用など
	旅費交通費	仕事の移動のための交通費、出張費用など
	地代家賃	事務所、工場、駐車場などの賃借料
	修繕費	機械装置の修理費用など
	通信費	電話代、郵便切手代、インターネット料金など
	水道光熱費	事務所などの電気、ガス、水道代
	交際費	取引先との会食費や贈答品代など
	会議費	会議の際の飲食代、会議室代など

第三章 経理編　会社のお金の流れをしっかり把握しよう

経理の基本と日常業務

経理編 - 経理の基本と日常業務

精算書を活用して省力化をはかる

- 出張時の宿泊代や日当などの勘定科目は「旅費交通費」に統一する。
- 通勤費は、限度額を超えると給与扱いになる。

締め切りをつくって、精算書を提出してもらう

　社員が立て替え払いした交通費などの必要経費（→194ページ）の精算は、経理の代表的な日常業務です。必要経費が発生するごとに精算を受けつけていると、毎日の業務が非常に煩雑になります。**精算書を活用して、一定期間ごとに締め切りを設け、まとめて行ったほうが効率的です**。ミスがあった場合も発見しやすくなります。また、精算は現金で行うことも多いようですが、振り込みにすれば、現金の紛失などの事故を予防できます。

　交通費は、その他の経費と精算書の用紙を別にしておくと、帳簿入力（現金出納帳または預金出納帳）時に振り分ける手間を省けます。

　交通費の勘定科目は「旅費交通費」で統一します。移動のための電車賃やバス代、タクシー代などのほか、出張時の宿泊代や出張手当などの日当、車で移動したときの駐車場代やガソリン代も含めます。その他の経費については、内容により勘定科目が異なります（→197ページ）。

通勤の電車・バスの非課税は15万円まで

　なお、通勤費は、「給与手当」または「旅費交通費」に含めるほか、独立して扱う場合もあります。独立させる場合、勘定科目は「通勤交通費」とします。

　通勤費は原則として非課税ですが、**一定の限度額（電車やバス利用の場合、1か月に最高15万円）を超えると、超過分は「給与」とみなされます**。この場合、所得税の課税対象となるため、その月の給与にこの超過分を上乗せして、源泉徴収しなければいけません。

これはNG　経費精算では、交通費を除き原則として領収書を添付してもらう。このとき、領収書のあて名が「上様」は×。きちんと社名を書いてもらうように周知徹底が必要だ。

交通費精算書の書式例

パソコンなどで自作するほか、文房具店などで市販されているものを使う。

目的欄は、「佐藤氏と打ち合わせ」「顧客のクレーム対応」など、できるだけ具体的に。

月分交通費精算書

所属	申請者							
月日	行先	目的	利用機関等	利用経路	往/復	金額	番号
						合計	

承認印　申請者印

支払印

経費精算書も同体裁にすると管理しやすい。仮払金の精算書も1枚にまとめる場合もある。

タクシー利用など、領収書がある項目は必ず添付してもらう。貼りつけ、クリップどめなど。その際、領収書と精算書を番号などで対応させる。

月に一度、週に一度など、精算日を決めて、現金または銀行振り込みで支払う。

現金支払いの場合は現金出納帳、銀行振り込みの場合は預金出納帳に、「○月分旅費交通費精算（営業部田中）」などとして、合計金額を入力する。

経理 Q&A

Q 仮払金とは何？経理上どんな扱いになる？

A 出張費など、必要になると思われる金額を、事前に社員に渡す場合があります。これが「仮払金」です。仮払時には、借方「仮払金」、貸方「現金」の勘定科目で振替伝票を起こしておき、精算時に「旅費交通費」などを使って過不足を精算・帳簿入力します。

第三章 経理編　会社のお金の流れをしっかり把握しよう　経理の基本と日常業務

193

経理編 - 経理の基本と日常業務

交際費は、他の経費と明確に区別する

ポイント&ナビ
- 必要経費とは、会社が売り上げを得るために必要なお金。
- 交際費が損金となるポイントを押さえておこう。

必要経費の勘定科目区分は明確にする

　会社がその活動をするときに必要になるお金を「必要経費」といいます。仕入れや人件費が大きなものですが、そのほか、交通費、文房具代、税金など、さまざまなものが含まれます。

　帳簿に入力する際は、勘定科目の区分を明確にしておく必要があります。ただし、**少額の経費について、あまりこまかな分類は、事務作業を煩雑にするばかりです**。できるだけ簡単な分類にしたほうがよいでしょう。

　必要経費は売り上げから差し引くことができるため、節税に役立ちます。しかし、多額の必要経費は税務署から指摘されるケースがあります。常に、「会社の事業にかかわる出費かどうか」をチェックしてください。

会議にかかる飲食は実態で判断

　必要経費のなかで、特に注意が必要なのが「交際費」です。取引先に対する飲食やゴルフなどの接待、お中元・お歳暮、慶弔金など、取引を円滑に進めるために必要な費用です。

　原則として、会計上は経費となりますが、税務上では経費となりません。つまり、**交際費は、損金（→234ページ）に算入できず、課税対象になります**。ただし、右ページ図（上）のように一定の範囲で損金に算入できます。

　交際費は、全額を必要経費として損金算入できる広告宣伝費や会議費との境界が微妙です。税理士などによく確認しておきましょう。なお、会議費は1人3000円以下などといわれますが、実態で判断します。

> **ひとくちMEMO　福利厚生費**　忘年会など、社内での飲食は「福利厚生費」として、必要経費になる。また、香典など、社員に対する慶弔費も福利厚生費に含まれる。

194

交際費の範囲をはっきり押さえる

資本金が1億円以下の会社*1 — いずれかを選択できる → 交際費の合計金額800万円まで経費（損金）にできる

資本金が1億円超の会社*2 → 交際費のうち、取引先等との飲食費の50%を経費（損金）にできる

*1 資本金5億円以上の会社の100％子会社等は除く。

*2 資本金100億円超の会社等を除く。

いずれも、2022年3月31日までに始まる事業年度に適用。

こんな場合は交際費になる？

取引先を接待した後、帰宅に使ったタクシー代
➡ **交際費になる**

接待にかかわる費用はすべて交際費となる。この場合「旅費交通費」とはしない。

会議後に用意した取引先への仕出し弁当代
➡ **会議費になる**

会議や打ち合わせにかかわる少額の飲食代は会議費となる。会議後、酒席を設けた場合は交際費。

新製品の発表会費用
➡ **広告宣伝費になる**

不特定多数に向けたものは交際費にならない。交際費は、特定の取引先などに対する費用。

経費の範囲

経理編 - 経理の基本と日常業務

経費がわかれば無駄をなくせる

ポイント&ナビ
- 必要経費にできるものは確実に計上する。
- 役員の人件費は必要経費にできるかどうか、事前によく確認する。

必要経費の範囲を知っておこう

必要経費の管理は、節税対策に欠かせません。必要経費には191ページの「費用」にある項目のほか、消耗品費、広告宣伝費、荷造運賃、支払保険料、租税公課など、さまざまなものがあります。どの勘定科目にするべきか、**区別が難しいものもあるので、注意が必要です**。

たとえば、社員に支給される給料、賞与、退職金は、全額必要経費となります。しかし、役員への報酬を必要経費にするには、さまざまな条件が設けられています。また、社員でも役員の家族などに対する不相応な高給は、一定額以上は必要経費にできません。そのほか、右ページのようなものは注意が必要です。

必要経費は抑える努力が不可欠

損金にできれば節税になりますから、必要経費になるものはきちんと計上しなければ損ですが、**必要経費自体は、できるだけ抑えなければ（経費削減）、それだけ利益が下がってしまいます**。

経費削減で考えられるのは、交際費や旅費交通費、通信費、広告宣伝費、水道光熱費、消耗品費、社員の残業代などです。一方、抑えにくいのは、減価償却費や租税公課、賃借料、社員の基本給などです。

ただし、賃借料（リース料など）は、交渉次第で削減できることもあります。まず「減らせないか」という視点から、工夫してみることが大切です。

こうした経費の削減は、経理の手腕がものをいいます。率先して実行していきましょう。

> **ひとくちMEMO** **必要経費と損金** 損金とは、税務上、収益から差し引ける費用のこと。一般に同じ意味で使われるが、必要経費は経営上の用語なので、厳密にはイコールではない。

区別に注意したい必要経費の勘定科目

似た支出でも、損金となる場合とならない場合がある。
勘定科目を使い分け、正しく経理処理を行おう。

「消耗品費」と「工具 器具 備品」

消耗品費の対象

文房具をはじめ、蛍光灯やティッシュペーパーなどの日用品、ラジオ、カメラ、テレビ、椅子、カーテン、パソコン周辺機器など（「事務用品費」などを設けて区分することもある）。

注意POINT

一般に、消耗品となるのは10万円未満の物品。10万円以上の物品は「工具 器具 備品」として資産に計上し、減価償却（→222ページ）が必要になる。
中小企業なら30万円未満のものまで「消耗品費」として扱うことができる（2022年3月まで）。
＊資本金1億円以下または従業員数500人以下など。

「修繕費」と「資本的支出」

修繕費の対象

備品や消耗品の修理やメンテナンス費用、社屋や店舗の外壁の塗り替えなど。

注意POINT

修理などの結果、その備品などの耐用年数が長くなったり、価値が高まる場合は「資本的支出」として、資産に含めなければならない。
→減価償却することが必要になる。

「支払保険料」と「保険料積立金」

支払保険料の対象

会社で契約した、生命保険、火災保険、損害保険、自動車保険の保険料など。

注意POINT

積立型の商品の保険料は、「保険料積立金」などの勘定科目で資産として扱う。

第三章 経理編　会社のお金の流れをしっかり把握しよう　経理の基本と日常業務

経理編 - 経理の基本と日常業務

小切手

額面の金額を銀行から受け取ることができる

ポイント&ナビ
- 受け取ったら、まず記載内容に不備がないかもれなくチェック。
- 受け取り翌日から10日以内に銀行に持ち込む。

小切手を振り出すには当座預金口座が必要

　小切手とは、現金に代わる役割を果たす、銀行が発行する証券です。取引の決済などで、多額の現金を扱う危険を避けるために利用されます。

　小切手を振り出す（発行）には、当座預金の口座を開設して、専用の小切手帳（統一小切手用紙を綴じたもの）を発行してもらうことが必要です。小切手で振り出せる金額は、当座預金の残高の範囲内です。なお、当座預金には、普通預金のような利息がつきません。

　小切手を振り出す際は、右ページの要件をもらさず記入した後、小切手帳から小切手を切り離したときに残る左端部分（小切手の控え）に、日付や金額、渡した相手などを明記して、小切手との境目に割印をします。

　小切手の角に斜めの２本線を引き、線の間に「銀行渡り」などと記入すると、支払人（銀行）は、ほかの銀行または自行と取引のある相手にしか、支払うことができません（線引小切手）。これにより、盗難などによる現金化を予防できます。

受け取った翌日から現金化の手続きができる

　小切手を受け取ったら、金額は正しいか、記載事項に不備がないか、すぐに確認します。金額は、漢数字か専用のチェックライターによるものとします。**受け取りの翌日から現金化の手続きが可能です。支払期日は特に定められていませんが、原則として受け取った翌日から10日以内に、銀行に持ち込むことになっています（支払呈示期間）。**ただし、現金を受け取るには、手続きのため、何日かかかることを想定しておきましょう。

ひとくちMEMO　先日付小切手　当座預金口座に残高が不足しており、入金後に現金化してもらうため、実際の振出日よりも先の日付を記載して、小切手を振り出す方法。

小切手を受け取ったときのチェックポイント

1から7のすべての記載が必要。

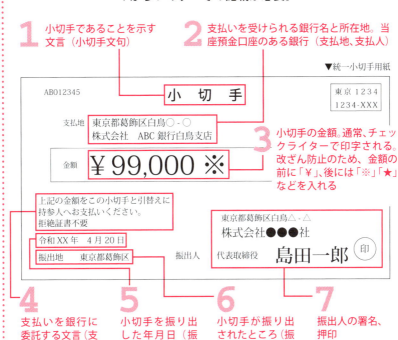

1. 小切手であることを示す文言（小切手文句）
2. 支払いを受けられる銀行名と所在地。当座預金口座のある銀行（支払地、支払人）
3. 小切手の金額。通常、チェックライターで印字される。改ざん防止のため、金額の前に「¥」、後には「※」「★」などを入れる
4. 支払いを銀行に委託する文言（支払委託文句）
5. 小切手を振り出した年月日（振出日）
6. 小切手が振り出されたところ（振出地）
7. 振出人の署名、押印

小切手が現金化されるまで

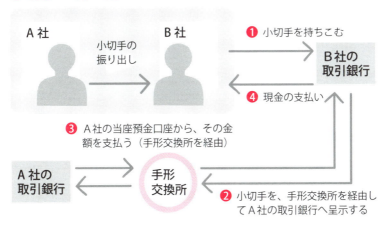

❶ 小切手を持ちこむ
❷ 小切手を、手形交換所を経由してA社の取引銀行へ呈示する
❸ A社の当座預金口座から、その金額を支払う（手形交換所を経由）
❹ 現金の支払い

第三章 経理編 会社のお金の流れをしっかり把握しよう／経理の基本と日常業務

経理編 - 経理の基本と日常業務

手形を受け取ったら まず支払期日を確認

ポイント&ナビ
- 受け取ったら、記載内容にもれがないかチェック。
- 支払いを受けられる期間は短いので注意。
- 「割引」や「裏書」を理解しておく。

手形には、会社の信用がかかっている

　手形とは、将来の特定の日に（3～4か月後など）、記載した金額を受取人に支払うことを約束する証券です（約束手形）。手形を振り出すためには、小切手同様、当座預金口座を開設して、手形帳を発行してもらうことが必要です。

　手形を振り出す側には、支払期日まで支払いが猶予されるメリットがあります。ただし、支払期日までに、当座預金口座に支払いに必要な金額を入金できない場合、手形は「不渡り」となり、会社の信用に大きな傷がつきます（要注意会社として扱われる）。**1回目の不渡りから6か月以内に再度不渡りを出すと、銀行から取引停止処分を受けます。**当然、会社は営業活動ができなくなります。多くの場合は倒産となります。

手形の裏書には細心の注意を

　手形を受け取ったら、金額とともに、有効な手形かどうかチェックします（右ページのポイントを確認）。支払期日を含めて3日以内（支払呈示期間）に、銀行に持ち込んで現金化の手続きができます。期日に遅れると、銀行では現金化できなくなるので、注意が必要です。

　また、**受け取った手形を、支払期日前に取引銀行に持ち込んで、額面から期日までの利息分を差し引いた金額を受け取ることもできます**（手形の割引）。

　さらに、受け取った手形の裏面に必要事項を記入して、取引先への支払いなどに使うこともできます（手形の裏書）。ただし、万一その手形が不渡りになったときには、裏書人に支払いを求められることがあります。

> **ひとくちMEMO　手形の紛失**　手形を紛失したら、すぐ警察に手形の紛失届を出し、銀行にその手形の支払い停止をしてもらう。その後、裁判所で手形を無効にする手続きを行う。

約束手形を受け取ったときのチェックポイント

1から8のいずれか1つでも記載がないと、手形の要件を満たしていないことになり、手形が無効になることもある。

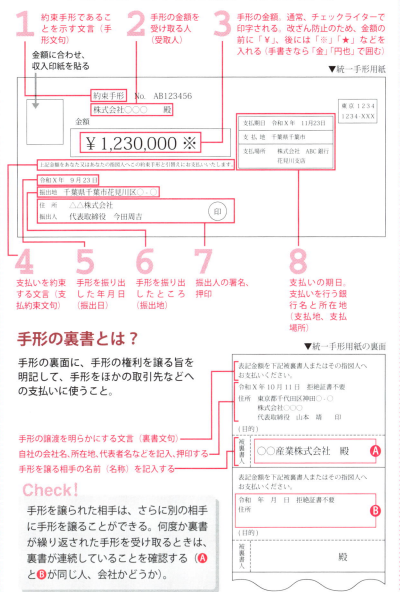

月次試算表の作成

経理編 - 経理の毎月の仕事

月に一度は業績チェック！精度の高い経営管理を

ポイント&ナビ

- 帳簿のミスやもれも早期にチェックできる。
- 締め日に合わせ、請求書や精算書などの提出を徹底、試算表の正確性を高める。

年間目標への達成度も月ごとに確認

　経理では毎日の帳簿入力を行いますが、月に一度（締め日ごと）、帳簿の内容をまとめ、「月次試算表」を作成します。

　月次試算表には、3種類があります。**勘定科目ごとの合計を借方と貸方に分けて一覧表にした「合計試算表」、勘定科目ごとの残高を一覧表にした「残高試算表」、この2つを一緒にした「合計残高試算表」**です。一般には「合計残高試算表」がよく用いられます。損益計算書と貸借対照表（→230、232ページ）の形にして、「月次決算」を行う会社もあります。

　月次試算表をつくることにより、最新の業績や財務状況の動向や変化、年間目標の達成度を把握することができます。前月や月々の業績の推移、前年同期と比較することで、すばやい経営分析や対応が可能です。また、経理処理のミスやもれの早期発見に役立ち、決算作業の軽減につながります。

会計ソフトを使えば作成は簡単

　会計ソフトを利用すれば、月次試算表の作成自体はそう難しくありません。しかし、月次試算表を正確に作成するには、**その月内の売り上げや仕入れ、必要経費などがもれなく反映されている必要があります。**毎月の締め日には、請求書や領収書、経費の精算書などを、確実に提出するようアナウンスしましょう。取引先に対しても、請求書送付の連絡や入金の確認などを行います。

　会計ソフトの機能を活用すれば、帳簿のデータをさまざまな形でまとめ直すことが可能です。経営に役立てられるデータの生かし方を、常に考えたいものです。

これはNG　月次試算表は、細部や体裁にこだわりすぎると、形式的なものになりがち。毎月のことでもあり、スピーディーな作業が必要だ。

月次試算表には、こんな役割がある

経費の支払い　預金口座からの入出金　売掛金の発生　買掛金の発生

日々の帳簿入力

↓

月に一度、月次試算表を作成する

その月の帳簿の内容を、勘定科目ごとにまとめて一覧にする。

合計残高試算表の例

合計残高試算表

（20XX年5月31日現在）　　（単位・円）

借方		勘定科目	貸方	
残高	合計		合計	残高
100,000	300,000	現金	200,000	
300,000	1,000,000	当座預金	700,000	
90,000	590,000	普通預金	500,000	
100,000	550,000	売掛金	450,000	

経営状態の参考資料となる
●経営の現状がわかる。過去の年度との比較ができる。

決算の事前準備となる
●正確な月次試算表をつくっておけば、決算時の確認作業や修正作業を軽くできる。

帳簿の入力ミスなどのチェックができる

第三章　経理編　会社のお金の流れをしっかり把握しよう　経理の毎月の仕事

203

債権の管理

経理編 - 経理の毎月の仕事

売掛金の回収状況には常に目を光らせる

ポイント&ナビ
- 入金遅れなどは、営業担当者とこまめに連絡を取り合い対応する。
- 万一に備え、債権回収の法律知識も必要。

回収できない不良債権が会社の経営を圧迫する

174ページで触れましたが、取引は、通常、商品を納めた後に代金を振り込んでもらう「掛け取引」で行われます。帳簿では「売掛金」として扱います。取引先から売掛金を回収する権利を「債権」といい、期日を過ぎても長期間回収できない債権が「不良債権」です。不良債権は当然、会社の経営を圧迫します。

このため、売掛金管理＝債権管理の徹底は、会社経営にとって重要です。まずは、**得意先別の得意先元帳（→186、188ページ）の入力時に、残っている売掛金をチェックして、回収状況や入金予定日を把握する**ことが第一歩です。

得意先ごとに支払い能力を算定する

回収が遅れている売掛金が見つかったら、上司やその取引先の担当者と相談をして、対応を検討します（→右ページ）。事務的なミスによる遅れなら問題ありませんが、資金繰りの悪化が原因の場合もあります。**なかなか支払いに応じない場合、法的な対応が必要になる場合もあります**。こうした事態への予防のため、取引前に相手の支払い能力に応じた与信限度額を設定しておきましょう。

経理Q&A

Q 「与信管理」って何？どんなことをするの？

A 取引金額が、「与信限度額」を超えないように管理することです。与信限度額とは、取引先により、最悪、貸し倒れになってもやむを得ないと考えられる、取引金額の上限です。たとえば「1か月の平均売上高×締め日から支払日までの月数」などで計算します。

売掛金は必ず回収する

取引前にできること

信用調査
はじめて取引を行う会社は、決算書で財務状況を調べるなど。

与信管理
信用調査などから、相手の信用状態に応じて、売掛金の上限を設定する。

取引開始

↓

売掛金の発生
↓
請求書の発行
↓
得意先元帳に入力
● 得意先元帳は取引先ごとに作成する（→ 189 ページ）。
↓
入金の確認
● 月に一度は、売掛金の回収状況を確認する。

期日までに入金されない

営業担当者にすみやかに報告して、連携しながら回収に努める。

債権回収の方法例

電話をして催促する。新たな入金予定日を設定する。
▼
督促状を送付する。
▼
相手先に「債務確認書」を作成させる。
▼
配達証明付きの「内容証明郵便」により通告する。
▼
少額訴訟など、法的手続きをとる。

第三章 経理編　会社のお金の流れをしっかり把握しよう

経理の毎月の仕事

経理編 - 経理の年に一度の仕事

年末調整により税金の過不足を調整する

- 遅滞の許されない業務。早めに作業を始めて、予定通りに進めること。
- 税制の改正が影響することもある。最新情報を確認。

源泉徴収の税額は概算

年末調整とは、**実際の納めるべき所得税額を計算して、源泉徴収した1年間の所得税額の過不足を、調整するための手続きです**。源泉徴収した税額は、毎月「源泉徴収税額表」を使って計算した概算であるため、実際に1年が経過した後に正しい税額を計算すると、ずれが出てしまうのです。

たとえば、結婚などで年の途中に控除対象となる配偶者ができれば、年末調整により配偶者控除を受けることができます。また、生命保険料控除や住宅ローン控除など、年末でないと金額が確定しない控除もあります。なお、年末調整は、給与事務と連動して労務が行う場合もあります。

12月の給与支払いで精算する

作業としては、源泉徴収簿や賃金台帳と、社員全員から提出してもらった扶養親族の異動や保険料控除の申告書（→208ページ）をそろえ、正しい税額を計算します。その結果、**所得税を納め過ぎている場合は還付、不足している場合は徴収の処理をします**。12月の給与支払いでこの過不足を精算するため、これに間に合うように、作業スケジュールを組んでおく必要があります。

扶養控除は人数の増減だけでなく、年齢や扶養親族の収入によっても変わります。配偶者控除は、社員の所得が1000万円を超えると受けられなくなります。また、住宅ローン控除の手続きは、初年度のみ社員自身が確定申告しなければなりません。税制改正の影響で内容が変わることも多いため、的確な知識を身につけ、最新情報を常にチェックすることが重要です。

 次の社員は年末調整で対応できない。確定申告してもらう。→給与の総額が2000万円超、医療費控除を受ける、住宅ローン控除をはじめて受ける、必要な申告書を会社に提出していない。

11月には年末調整の準備を始めよう

[11月ごろ] 事前準備を始める

税務署の講習会などで「年末調整のしかた」や「給与所得の源泉徴収票等の法定調書合計表」、社員配付用の書類を手に入れる。

社員に「給与所得者の扶養控除等（異動）申告書」「給与所得者の保険料控除申告書」「給与所得者の基礎控除申告書兼給与所得者の配偶者控除等申告書兼所得金額調整控除申告書」を配付する。

[11月中] 書類を回収する

スムーズな事務処理のためにも、社員には記入方法をよく説明し、期日厳守の旨を伝える。

注・住宅ローン控除の適用を受けて2年目以降の人から「給与所得者の住宅借入金（住宅ローン）等特別控除申告書」を受け取る。

[12月の給与支払額確定後] 年税額を確定させる

「源泉徴収簿」や「賃金台帳」により、社員ごとに1年間の給与総額、源泉徴収税額を集計する。

▼

給与総額から、給与所得控除、各所得控除などを差し引いて、課税給与所得を求める。

▼

所得税額を算出し、住宅ローン控除など、税額控除があれば差し引く。

▼

支払うべき所得税額（年税額）が確定する。

POINT
雑損控除、医療費控除、寄附金控除は年末調整の対象外。これらの控除を受けるには、確定申告が必要になる。

[12月の給与支払時] 源泉徴収税額と年税額の過不足を精算する

税金が納め過ぎになっていれば、社員に還付する。税金が足りなければ、その分を徴収して納付する。

第三章 経理編　会社のお金の流れをしっかり把握しよう　経理の年に一度の仕事

年末調整❷

経理編 - 経理の年に一度の仕事

社員の申告書提出は期日厳守を周知する

ポイント&ナビ

- 申告書は、11月中に回収できるように社員に配付する。
- 「扶養控除等（異動）申告書」にはマイナンバーの記載が必要となる。

社員からの申告書はここをチェック①

給与所得者の保険料控除申告書

社員には、氏名、住所を記入してもらう。

添付された控除証明書から、該当する保険料かどうか、控除額は正しいかどうか確認する。

添付された控除証明書から、該当する地震保険料かどうか、控除額は正しいかどうか確認する。
＊本人が所有する住宅などの損害保険のうち、地震等損害部分。平成18年12月31日までに加入した長期損害保険も対象となる。

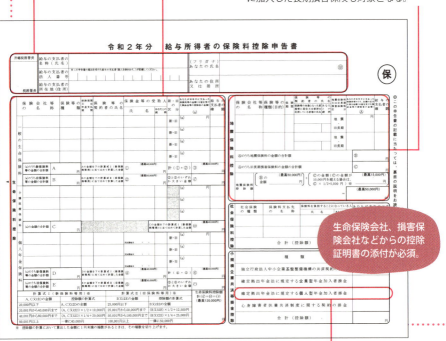

生命保険会社、損害保険会社などからの控除証明書の添付が必須。

添付された控除証明書から、個人型確定拠出年金について確認する。

年末調整を行うため、社員から「給与所得者の保険料控除申告書」「給与所得者の扶養控除等（異動）申告書」「給与所得者の基礎控除申告書兼給与所得者の配偶者控除等申告書兼所得金額調整控除申告書」に必要事項を記入のうえ、提出してもらいます。また、住宅ローン控除を受ける社員には、適用2年目以降、「給与所得者の住宅借入金（住宅ローン）等特別控除申告書」を提出してもらいます。

　年末調整の作業を12月に行うためには、11月中に回収できるように申告書を配付し、提出期日を厳守するように周知しておくことが必要です。**必要な申告書を提出していない社員は、年末調整ができなくなります。**

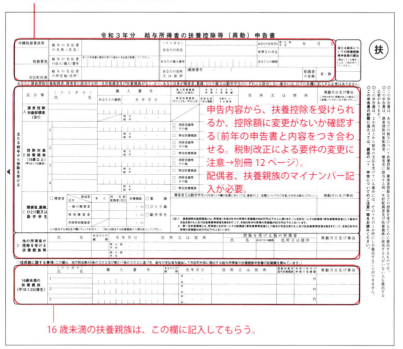

注・令和3年から年末調整書類の押印（被保険者印、会社印）は不要。

2020年分から申告内容が増えた

2020年分の所得税から、基礎控除が10万円引き上げられ（38万円→48万円。ただし、所得金額により控除額が下がる）、給与所得控除が10万円引き下げられました（65万円→55万円など）。こうした改正に伴い、**年末調整では基礎控除などについても社員からの申告や確認が必要になりました。**

そのため、給与所得者の配偶者控除等申告書は、「給与所得者の基礎控除申告書兼給与所得者の配偶者控除等申告書兼所得金額調整控除申告書」として新書式になりました。

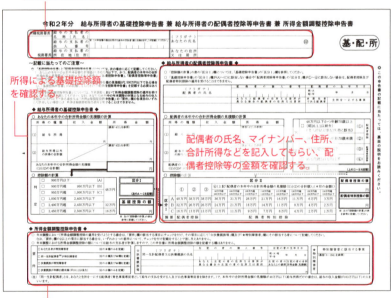

＊給与収入850万円超で、本人または配偶者や扶養親族が特別障害者か23歳未満の扶養親族がいる場合、850万円を超える部分の10％を給与所得から控除できる。

知っておきたい経理知識 ❸　〈年末調整の電子化〉

年末調整が簡単・便利になる？

電子化のメリットを確認

　e-Tax、スマホによる確定申告など、国税庁は税務申告の電子化（電子データによる申告書の作成・提出）を進めています。この流れで、年末調整も電子化による簡便化ができるようになりました。

　年末調整を電子化すると、年税額の計算などを自動化できるため、経理作業を軽減でき、コスト削減にもつながります。社員にとっても、申告書の作成が手書きより簡単になりますが、これまでとの変更点をよく周知しておくことが必要です。

電子化すると年末調整はこうなる

　電子化すると、年末調整の手順は次のように変わります。
①社員が保険会社などから控除証明書を電子データで取得する*。②社員が「年末調整控除申告書作成用ソフト」で、申告書の電子データを作成、会社に提出する。③会社がこの電子データにより年税額を計算、税務署に提出する。

＊ 2020年分から、生命保険料控除、地震保険料控除、住宅ローン控除の各控除証明書を、電子データで取得することが可能になった。

電子化導入までの流れ

年末調整申告書作成用のソフトを選ぶ	社員に周知する	システムを改修する	税務署に承認を受ける
国税庁からも無償のソフトが用意される予定。	控除証明書のデータ取得、左記のソフトによる申告書作成など。	現行の給与計算ソフトなどを、年税額が計算できるようにする。	承認申請書を提出する。

第三章　経理編　会社のお金の流れをしっかり把握しよう

経理の年に一度の仕事

211

源泉徴収票、支払調書

経理編 - 経理の年に一度の仕事

1年間の給与をまとめて社員や市区町村へ

ポイント&ナビ
- 給与等が500万円超の社員は、源泉徴収票を税務署にも提出する。
- 法定調書合計表は税務署に提出する。

給与支払報告書には総括表を添付する

　年末調整の完了後は、翌年1月31日までに①「給与所得の源泉徴収票(給与支払報告書)」を作成して、社員本人に交付、市区町村や税務署に提出します。複写式になっており、源泉徴収票は社員、給与支払報告書は市区町村に提出します。社員が右ページの条件に当てはまる場合、税務署にも源泉徴収票を提出します(4枚複写タイプを使用)。

　給与支払報告書は、社員の居住している市区町村ごとにまとめて提出します。このとき、支払人数などをまとめた②「給与支払報告書(総括表)」を添付します。給与支払報告書により、翌年の住民税額が決まります。

一定額を超える支払調書は税務署に提出する

　税理士や弁護士、社会保険労務士などへの報酬や、原稿料、講演料などを支払ったときには、源泉徴収を行っています。**報酬などの支払金額が一定額を超える場合(支払う相手により金額は異なる・税理士や弁護士の場合、年間5万円超)**は、翌年1月31日までに④「報酬、料金、契約金及び賞金の支払調書」を作成して税務署に提出します。報酬などを受け取った人(支払先)への送付は義務ではありませんが、確定申告を行うのに便利なので、(早めに)送付してあげるとよいでしょう。

　最後に、以上の源泉徴収票、支払調書のほか、③「退職所得の源泉徴収票」や不動産の支払調書などを合計して⑤「給与所得の源泉徴収票等の法定調書合計表」を作成し、翌年1月31日までに税務署に提出します。

> **ひとくちMEMO　e-Taxで送付可能**　源泉徴収票や支払調書などは、事前に手続きをしておけば、e-Tax(電子申告)により、パソコンから税務署へデータ送信することもできる。

年末調整後、さまざまな書類の作成が必要になる

①給与所得の源泉徴収票（給与支払報告書）

1年間の給与や源泉徴収税額を集計した書類。1月31日までに交付、提出する。

税務署に提出が必要な人

1. 年末調整をした人で、給与等が500万円を超える人（役員などは150万円超）。
2. 年末調整をしていない人（給与等が2000万円超の人など）。

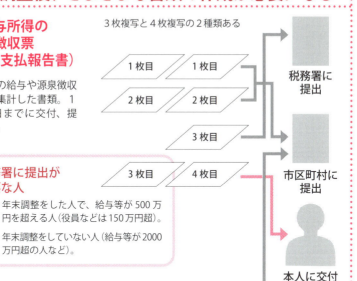

②給与支払報告書（総括表）

住民税を納める市区町村ごとに、支払人数などをまとめた書類。給与支払報告書と併せて提出する。

③退職所得の源泉徴収票・特別徴収票

退職金を支払った場合に、支給金額や源泉徴収税額を明らかにした書類。退職後、1か月以内に交付、提出する。

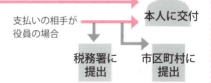

④報酬、料金、契約金及び賞金の支払調書

以下の支払いに対して、支払金額や源泉徴収税額を明らかにした書類。1月31日までに交付、提出する。

1. 税理士、弁護士、社会保険労務士、不動産鑑定士、司法書士などへの報酬
2. 印税や原稿料
3. 外交員などへの報酬　など

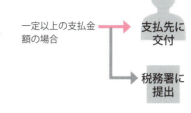

⑤給与所得の源泉徴収票等の法定調書合計表

給与や報酬など、1年間の支払金額や源泉徴収税額を集計した書類。

注・いずれもマイナンバーや法人番号の記載が必要。ただし、本人や支払先に交付するものにはマイナンバーを記載しない。

第三章　経理編　会社のお金の流れをしっかり把握しよう　経理の年に一度の仕事

知っておきたい経理知識 ❹ 〈決算の流れ〉

今年1年間の事業活動の成果をまとめる

　会社は、事業年度ごとに帳簿をまとめて、1年間の売上高や利益など事業活動の成果を確定させ、その結果による財政状態を明らかにしなければなりません。これが「決算」です。決算による「決算書」の作成は、法律で義務づけられています。

　事業年度とは、会社の経営活動を集計するために区切った期間です（会計期間）。1年以内であれば、会社の都合で自由に決められますが、4月1日〜

申告・納税、株主総会から逆算してスケジュールを立てる

（3月決算の場合）

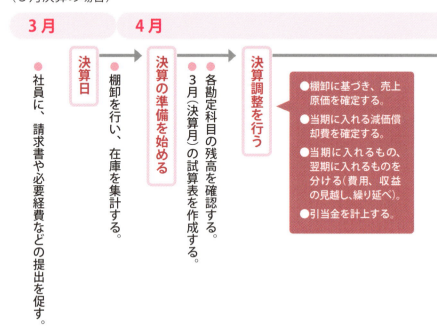

3月31日としている会社が一般的です。事業年度の最初の日を「期首」、最後の日を「期末」といいます。3月決算の会社の場合、4月1日が期首、翌3月31日が期末です。期末が決算日ということになります。

株主の承認が必要になる

まず、決算月の月次試算表を作成します。月次試算表の残高と決算調整（→216ページ）の内容を合わせた「精算表」（→217ページ）をつくって、損益計算書（→230ページ）と貸借対照表（→232ページ）に振り分け、決算書の形式に整えます。会計ソフトを使用している場合は、精算表を作成しないこともあります。

作成した決算書は、株主総会で株主の承認を得なければなりません。承認後、決算書に基づいて税務申告書を作成し、税務署に申告と納税を行います。

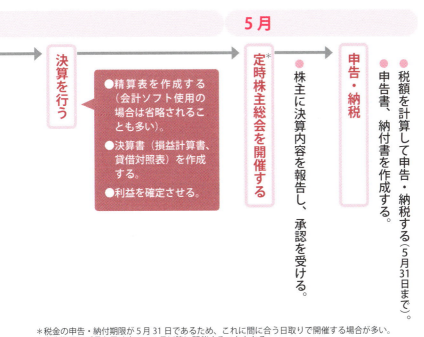

＊税金の申告・納付期限が5月31日であるため、これに間に合う日取りで開催する場合が多い。申告期限の延長を届け出て、6月以降に開催することもある。

決算調整

経理編 - 経理の年に一度の仕事

決算のときだけ行う特別な作業がある

ポイント&ナビ
- 帳簿を適正に集計して、正確な数字を出すのが第一。
- 集計した金額は、さらに調整して、利益などを正しく算出する。

すべての金額を「正確なもの」にする

　決算作業では、それぞれの帳簿を締め切って集計していきます。まずは、この集計を正確に行わなければなりません。**年度末の試算表の段階で、詳細なチェックが必要です。期末時点の手元の現金を実際に数え、預金は金融機関発行の残高証明書とつき合わせます。一致しない場合は原因究明が必要です。**また、期末時点で残っている売掛金や買掛金の額を調べ、試算表と一致しない場合には、取引先に問い合わせます。前年と比べ、特に理由もないのに、多すぎたり、少なすぎたりしている勘定科目には入力ミスを疑います。

　帳簿の集計作業に加えて、決算調整（決算整理）という、特別な作業が必要になります。決算調整とは、期末時点の実際の在庫を集計したり（棚卸）、当期に入れるお金と入れないお金を区別したり（見越しと繰り延べ）することで、**その事業年度の利益や資産・負債を、正確な金額にする作業です。**

スケジュールは綿密に立てる

　決算作業は、経理担当者にとって、通常業務と並行となる負担の大きい仕事です。しかし、**株主総会や申告・納税などで必要になるため、締め切りは絶対に動かすことはできません。**金融機関や取引先への確認作業を伴う場合もあり、早めに準備にとりかかる必要があります。

　毎年の作業内容はおおよそわかっているのですから、事前に綿密なスケジュールを立てる、各月の月次試算表の作成時に、できる限りミスやもれをなくしておくなど、計画的にスムーズに遂行したいものです。

> **ひとくちMEMO　取締役会の承認**　取締役会や監査役を置いている会社では、それぞれに決算書の承認を得る必要がある。規模の大きい会社ほど、承認作業に時間がかかるので要注意だ。

決算調整で行われる4つの重要作業

1 棚卸
（→ 218ページ）

実際に残っている在庫の数量を調べて、当期の売上原価を確定させる。

➡ 売上原価を正確にする

2 減価償却
（→ 220、222ページ）

会社の固定資産について、当期の費用に計上する減価償却費を算出する。

➡ 当期の費用にプラスする

3 引当金の計算
（→ 224ページ）

「将来発生するかもしれない費用や損失」に備える「引当金」（代表的なのが貸倒引当金）を算出する。

➡ 当期の費用にプラスする

4 見越し、繰り延べ
（→ 228ページ）

未収収益、未払費用、前受収益、前払費用など、当期に入れる金額を明確にする。

➡ 当期に入れる収益分、費用分をプラスする
➡ 翌期に入れる収益分、費用分をマイナスする

▼

1年間の帳簿や試算表の金額に、これらの要素を加えて、決算書を作成する

経理 Q&A

Q 精算表ってどんなもの？

A 精算表は、決算の過程でつくられる書類です。勘定科目ごとに貸借対照表と損益計算書の項目に振り分け、月次試算表の金額と決算調整による金額を併記して、最終的な金額をまとめたものです。決算書作成で欠かせないものでしたが、会計ソフト使用により、月次試算表と決算調整の内容から、直接、決算書を作成する場合もあります。

第三章 経理編　会社のお金の流れをしっかり把握しよう　経理の年に一度の仕事

経理編 - 経理の年に一度の仕事

棚卸と売上原価

在庫は、実際に数えて正しい数量を確認する

ポイント&ナビ
- 棚卸により売上原価が確定し、1年間の正確な利益がわかる。
- 自社の仕入単価の評価方法を知っておく。

棚卸は会社全体で行う

棚卸とは、期末に、会社にある商品や製品の数量（在庫）を集計する作業です。実際に目で見て、「棚卸票」などに記入していき、経理担当者がとりまとめます（実地棚卸）。棚卸により、**当期の「売上原価」（当期の売り上げを得るためにかかった費用）をはっきりさせて、正確な利益を算出する**のが目的です。

棚卸は、商品や製品の数量にもよりますが、基本的に会社全体でいっせいに行います。作業手順や棚卸票の記入ルールを徹底し、スムーズに棚卸票を回収する段取りを実践しましょう。

在庫を金額に換算したものを「棚卸資産」といいます。期首の棚卸資産と当期の仕入高を足した金額から、期末の棚卸資産を差し引いた金額が、当期の売上原価となります。

仕入単価の評価ルールは、会社ごとに異なる

棚卸資産は、「数量×仕入単価」で求められますが、仕入単価は一定ではないため、会社ごとに仕入単価を計算するルール（評価方法）が決められています。新しく仕入れたものが期末に残っていると考える「先入先出法」や、仕入額を平均する方法などがありますが、中小企業では、**当期の最終の仕入単価で計算する「最終仕入原価法」**がよく使われています。

なお、上記の実地棚卸のほか、日ごろから在庫について帳簿をつけておき（商品有高帳）、この帳簿により確認する「帳簿棚卸」があります。本来は、両方を行って、つき合わせるのが間違いのない方法です。

これはNG 棚卸資産の評価方法は、勝手に変えることはできない。事前に税務署に届け出が必要になる。また、決算内容の連続性から、頻繁な変更は好ましくない。

棚卸で正しい在庫数量を把握する

実地棚卸の流れ

1 日程や分担、段取りなど、棚卸の実施手順を決め、社員に周知する。
2 商品名や数量などを記入する棚卸票を作成する。
3 棚卸終了後、棚卸票を回収して集計する。
4 集計した数量と帳簿上の数量をつき合わせ、帳簿を修正する。

棚卸により、正確な「もうけ」を計算できる

1 売上原価を計算する

売上原価＝当期に売り上げた商品を仕入れるためにかかった費用

期末の在庫を金額にするには、個別法、最終仕入原価法、先入先出法などの方法がある。

[前期の棚卸による期首の在庫（期首の棚卸資産） ＋ 当期に仕入れた商品（当期商品仕入高） − 当期の棚卸による期末の在庫（期末の棚卸資産）] ＝ 売上原価

2 1年間のもうけ（利益）を計算する

1年間の売上高 − 1で求めた売上原価 ＝ 1年間の利益（売上総利益）

第三章 経理編　会社のお金の流れをしっかり把握しよう　経理の年に一度の仕事

知っておきたい経理知識 **❺** 〈固定資産と減価償却〉

固定資産は１つの帳簿で一括管理をする

減価償却資産＝「耐用年数１年以上で10万円以上」の資産

　経理処理では、固定資産と減価償却の知識が不可欠です。**固定資産とは、会社が長期にわたって使用または保有するものをいいます。**

　このうち、減価償却する固定資産を「減価償却資産」といいますが、その**一般的な条件は「耐用年数（使用可能年数）が１年以上」で、「取得価額が10万円以上」です。**

　固定資産には、建物、機械装置、車両運搬具、工具器具備品、土地など、実体のある「有形固定資産」と、借地権や特許権、さらにはソフトウェアな

固定資産に当てはまるものを知っておこう

有形固定資産

会社が購入した、長期にわたり使用する資産。

- 土地
- 建物
- 建物付属設備（電気設備、空調設備など）
- 構築物（建物や建物付属設備以外の建造物）
- 機械装置
- 車両運搬具
- 工具器具備品

など

無形固定資産

法律上の権利、契約上の権利など。

- 営業権
- 借地権
- 特許権
- 商標権
- 実用新案権
- 意匠権
- ソフトウェア　など

投資その他の資産

資産運用や長期保有を目的とした有価証券など。

- 投資有価証券
- 差入保証金（不動産の賃貸借で支払う敷金や保証金など）
- 長期貸付金（１年を超える貸付金）　など

どの「無形固定資産」があります。そのほか、投資のための有価証券や差入保証金、長期貸付金なども、固定資産に含まれます。

有形／無形固定資産（土地、借地権を除く）は、長期に使用される間に価値が減少していきます。そのため、これらの固定資産は、**購入時に全額必要経費にせず、定められた使用期間（耐用年数）にわたり、分割して経費にしていきます。これを減価償却**といいます。

固定資産台帳で、減価償却の状況などを管理

固定資産は、固定資産台帳という補助簿をつくり、その勘定科目ごとに管理します。管理部署や設置場所を明記し、資産の名称、取得年月日、取得価額、耐用年数、帳簿価額などの情報を記載します。

耐用年数は、資産の種類や構造、用途などにより、法律で定められています（法定耐用年数）。法定耐用年数に応じて、経費化していく割合（償却率）も決められています。具体的な減価償却の計算は、222ページで解説します。

固定資産台帳の入力例   注・体裁や項目の数、名称は会社により異なる。

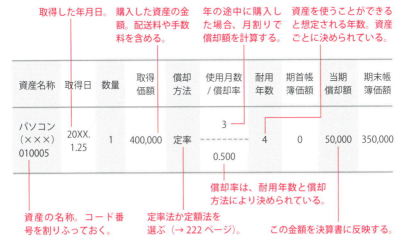

第三章 経理編　会社のお金の流れをしっかり把握しよう　経理の年に一度の仕事

221

減価償却

経理編 - 経理の年に一度の仕事

長期間使う資産は毎年少しずつ費用にする

ポイント&ナビ
- 減価償却は、定額法と定率法のどちらかで計算する。
- 10万円以上20万円未満の資産なら、3年で均等償却ができる。

定率法は、購入直後ほど大きく「経費化」できる

　減価償却の計算には、定額法と定率法の2種類があります。

　定額法では、事業年度ごとに、一定の金額を償却（経費化）します。計算式は「取得価額×定額法の償却率」となります。定率法では、取得直後に大きく償却し、次第に償却額が減ります。計算式は「（取得価額－すでに償却した額）×定率法の償却率」です。

　いずれかを選ぶことができますが、法人は、原則として定率法です。定額法を選ぶ場合、事前に税務署に届け出が必要です。ただし、建物と平成28年4月以後に取得した建物付属設備、構築物は、定額法しか使うことができません。

　なお、償却方法を変更する場合にも、税務署に届け出が必要です。

一括で償却できる場合もある

　取得金額が10万円以上20万円未満なら、通常の法定耐用年数による減価償却ではなく、3年間で均等に償却することができます（一括償却資産）。さらに、資本金が1億円以下の会社の場合、30万円未満の固定資産は、「少額減価償却資産」として、一度に償却できます（同じ事業年度内で合計300万円が上限。2022年3月まで）。なお、同じ固定資産でも（たとえばパソコンなど）、取得金額が10万円未満なら、取得時に全額を費用として処理できます。

　取得価額の判定では、帳簿を消費税の税込方式で行っている場合、取得価額に消費税を含めて行うことになります。

＊常時使用する従業員の数が500人を超える場合などを除く。

ひとくちMEMO　固定資産の売却　固定資産は社員の判断で売却や処分はできない。必ず、管理者の承諾により行い、固定資産台帳から除外する処理が必要になる。

減価償却費の計算には、2つの方法がある

定額法
- 耐用年数に応じて均等割りした額を、毎年費用に計上する。
- 計算しやすくわかりやすい。
- 建物など定額法と決まっているものもある。

定率法
- 最初に大きく費用化し、その後償却する額が減っていく。
- 定額法より節税効果が大きい。
- 会社は、原則として定率法を使う。

100万円の備品（耐用年数5年）を購入した場合

定額法　［計算式］　取得価額×定額法の償却率

耐用年数5年の償却率は 0.2

1年目　100万円×0.2 ＝ 20万円
2年目　100万円×0.2 ＝ 20万円
3年目　100万円×0.2 ＝ 20万円
4年目　100万円×0.2 ＝ 20万円
5年目　100万円×0.2 ＝ 19万9999円 *

この金額を、その年の決算に盛り込む（必要経費に加える）。

定率法　［計算式］　（取得価額−すでに償却した額）×定率法の償却率

耐用年数5年の償却率は 0.4

1年目　（100万円− 0円）× 0.4
　　　 ＝ 40万円
2年目　（100万円− 40万円）
　　　 × 0.4 ＝ 24万円
3年目　（100万円− 64万円）
　　　 × 0.4 ＝ 14万4000円
4年目　（100万円− 78万4000円）
　　　 × 0.5（改定償却率）＝ 10万8000円
5年目　10万7999円 *

この金額を、その年の決算に盛り込む（必要経費に加える）。

＊「備忘価額」として1円残す。

注・定率法には、耐用年数に応じた「償却保証額（1年に償却すべき最低額）」があり、通常の償却率による金額が償却保証額を下回る年からは、「改定償却率」を使用する。上の例では、4年目に通常の計算で償却保証額（10万8000円）を下回るため、改定償却率0.5で計算する。

第三章　経理編　会社のお金の流れをしっかり把握しよう

経理の年に一度の仕事

経理編 - 経理の年に一度の仕事

引当金

翌期以降の損失などにあらかじめ備える

ポイント&ナビ
- 貸倒引当金はマイナスの資産として扱う。
- 対象の取引先の状況に目を光らせ、早めに手を打つ。
- 賞与引当金や退職給付引当金は「負債」に。

翌期以降に発生すると思われる費用や損失を、当期にあらかじめ計上しておくのが「引当金」です。代表的なのが、**取引先の倒産などによる貸し倒れに備える「貸倒引当金」**です。

当期末に売掛金が残っている取引先に倒産のおそれがあり（不渡り手形を出したなど）、翌期に倒産した場合、回収できなかった売掛金や手形は、翌期の決算で「貸倒損失」として計上することになります。このとき、当期のうちに貸倒引当金を計上しておけば、翌期の決算への影響を小さくすることができるのです。貸倒引当金の金額は、右ページのように計算します。決算書では、貸借対照表の「資産の部」で、マイナス項目（金額の頭に△をつける）として表示します。

引当金にはいくつかの種類がある

引当金には、上記の貸倒引当金（評価性引当金という）以外に、**翌期以降の賞与や退職金、修繕費などの費用の発生に備える、賞与引当金、退職給付引当金、修繕引当金など**（**負債性引当金という**）があります。負債性引当金は、貸借対照表で「負債の部」に表示します。

経理 Q&A

Q 前期からの貸倒引当金が残っていたら？

A 決算時に、前期からの貸倒引当金の残高がある場合、その残高と、新たに必要になる引当金との差額を追加計上するか（差額補充方式）、期末時点の引当金をいったんそれぞれの項目に戻し、あらためて当期に必要な引当金を計上します（洗替方式）。

ほぼ回収不能な債権とそれ以外を分けて計算する

1 個別に計上できる債権
（個別評価金銭債権）

- 会社更生法や民事再生法などの手続開始の申立てがあった債権。
- 債務超過の状態が長期間続き、その一部に回収の見込みがない債権。　など

その債権額の50%または回収不能額など

2 1を除いた債権の合計
（一括評価金銭債権）

- 売掛金、貸付金、受け取った手形、未収加工賃など。
- 不良債権以外の債権も、一定の貸し倒れが発生すると想定する。

売上債権等残高×貸倒実績率（法定繰入率）*

＊過去3年の貸し倒れの実績率により計算するが、資本金1億円以下の会社は、業種ごとに定められた法定繰入率で計算してもよい。

1 + 2 = 貸倒引当金

決算書では、資産のマイナス項目として計上する

注・なお、資本金1億円超の会社などは、貸倒引当金の損金算入ができない。

貸倒引当金を計上することで、翌期以降、実際に回収不能になった場合の利益減少を緩和できる。

第三章　経理編　会社のお金の流れをしっかり把握しよう

経理の年に一度の仕事

 有価証券の価値もチェックする

　決算時には、会社が保有する有価証券などの価値も見直す必要があります。上場有価証券の場合、期末時点の時価を確認して、帳簿価額よりも50%以上下落し、かつ回復の見込みがない場合には、その差額を「有価証券評価損」として計上できます。

繰延資産

経理編 - 経理の年に一度の仕事

将来に効果のおよぶ出費は分割して費用にできる

ポイント&ナビ
- 2種類の繰延資産は、貸借対照表に記載する際に入れるところが異なるので注意。
- 償却は定額法で行う。

　支払いは完了していても、その効果が将来にわたって期待できる費用を「繰延資産」といいます。具体的には、会社の創立費、開業費、開発費、株式交付費、社債発行費などです。繰延資産は、決められた年数にしたがって分割し、費用に計上していきます（繰り延べ）。

税務上の繰延資産は、必ず繰り延べする

　繰延資産には、会計上の繰延資産と、税務上の繰延資産の2種類があります（→右ページ）。会計上の繰延資産は、会社の判断で繰り延べするかどうか選べます。また、右ページの償却期間より短い年数で償却してもかまいません。税務上の繰延資産は、必ず定められた期間通りに繰り延べしなければなりません。いずれも「定額法」（→222ページ）により償却します。

　決算書では、貸借対照表の「資産の部」に入れます。そのうち、会計上の繰延資産は「繰延資産の部」を設けて、それに入れます。税務上の繰延資産は、「投資その他の資産」の「長期前払費用」とします。

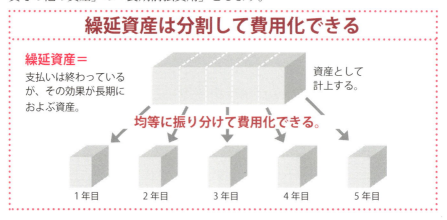

繰延資産は分割して費用化できる

繰延資産＝
支払いは終わっているが、その効果が長期におよぶ資産。

資産として計上する。

均等に振り分けて費用化できる。

1年目　2年目　3年目　4年目　5年目

繰延資産は分割して費用化できる

● 会計上の繰延資産

償却期間

会社発起人への報酬、登記費用など、会社設立の費用（創立費） → **5年以内**

会社の営業活動を始めるためにかかった費用（開業費） → **5年以内**

新しい商品や技術の開発、新事業などのために特別に支出した費用（開発費） → **5年以内**

株式の発行にかかった費用（株式交付費） → **発行後3年以内**

社債の発行にかかった費用（社債発行費） → **償還期限以内**

繰延資産とするかどうか、何年で償却するか（左の年数内）は、会社の判断で決められる。

● 税務上の繰延資産

償却期間

建物を賃借するときの権利金や立退料 → **5年（契約の期間が5年未満などの場合はその年数）**

役務の提供を受けるための権利金
＊ノウハウの提供など。 → **5年（契約の期間が5年未満などの場合はその年数）**

公共的施設の設置、改良にかかった費用
＊会社の業務に必要な道路や堤防など。 → **もっぱら自社使用なら、耐用年数の7/10**

共同的施設の設置や改良で負担した費用
＊会社が加入している協会や組合などが設置するもの。 → **共同で使う施設なら、耐用年数の7/10**

繰延資産として、定められた期間で償却しなければならない。

その他、広告宣伝用の資産の贈与費用（特約店に置く宣伝用の看板など）や出版権設定の対価など。

第三章　経理編　会社のお金の流れをしっかり把握しよう

経理の年に一度の仕事

経理編 - 経理の年に一度の仕事

当期に入れるお金、入れないお金を区分する

ポイント&ナビ
- 期末時点で、前払いの状態になっているのが「前受収益」「前払費用」。
- 後払いの状態になっているのが「未収収益」「未払費用」。

　会社の取引のなかには、支払いや受け取りが、事業年度をまたぐケースもあります。決算調整では、決算期間内の損益計算を正しく行うために、**当期に入れるお金、当期に入れないお金の線引きをする必要があります**。これを「経過勘定」といいます。

見越しと繰り延べで、当期と翌期に振り分ける

　経過勘定は、4つに分けることができます。①当期の収益となるが、まだ入金されていない「未収収益」、②当期の費用だが、まだ支払っていない「未払費用」、③翌期に収益となるべきお金を前払いされた「前受収益」、④翌期に費用となるべきお金を前払いした「前払費用」です。これらの処理は「発生主義」という考え方に基づいて行います。

　未収収益は当期の収益、未払費用は当期の費用に入れます。この処理を「見越し」といいます。前受収益は翌期の収益、前払費用は翌期の費用とします（当期の収益、費用からは除く）。この処理を「繰り延べ」といいます。

　売掛金（売り上げの未収代金）や買掛金（仕入れの未払代金）と似ていますが、本来の営業取引にかかるものではないので、区別して考えます。

 帳簿入力のタイミングは、「発生主義」で

　取引が発生した時点で、売り上げや経費などを帳簿に計上する考え方を「発生主義」といいます。これに対して、実際に受け取った、支払ったときに帳簿に計上する考え方を「現金主義」といいます。現金主義では、売掛金や買掛金の動きを把握できないため、会社の経理では発生主義が原則です。ただし、発生主義では、見かけの金額と手元にある現金・預金の額が異なる点に注意が必要です。

見越しと繰り延べで当期分と翌期分を区別する

見越し

役務(サービス)への支払いが後払いの契約で、役務(サービス)を提供したが、支払いを受けるのは翌期→**未収収益**。役務(サービス)を受けたが、支払いをするのは翌期→**未払費用**。

未収収益
家賃や地代の未収分、貸付金の利息の未収分、手数料の未収分など。

未払費用
家賃や地代の未払分、借入金の支払利息の未払分、給与の未払分、保険料の未払分、リース料の未払分、水道光熱費の未払分など。

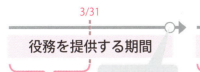
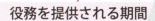

繰り延べ

役務(サービス)への支払いが前払いの契約で、役務(サービス)を提供していないが、支払いを受けるのは当期→**前受収益**。役務(サービス)を受けていないが、支払うのは当期→**前払費用**。

前受収益
翌月分以降の家賃や地代の受取分、手数料の前受分など。

前払費用
生命保険料や損害保険料の前払分、家賃や地代の前払分、リース料の前払分など。

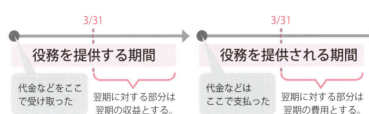

第三章 経理編 会社のお金の流れをしっかり把握しよう / 経理の年に一度の仕事

決算書
(損益計算書)

経理編 - 経理の年に一度の仕事

損益計算書で1年間の「もうけ」がわかる

ポイント
&ナビ

- 決算書はいくつかの書類で構成されるが、貸借対照表、損益計算書が二本柱。
- 損益計算書により当期の利益を分析できる。

損益計算書は決算書の構成書類

　決算書は、事業年度（通常1年間）の会社の活動による成果や財務状態を、株主などに報告するために作成する書類です。会社法では、「貸借対照表」（→232ページ）、「損益計算書」「株主資本等変動計算書」（株主の出した資本金等の変動の一覧表）「個別注記表」（決算書の注意事項）という書類が必要になります。
　そのうち、損益計算書は、**事業年度内の売り上げ（収益）、売り上げを上げるためにかかった費用を計算し、会社の利益（もうけ）を明らかにする書類です**。いわば会社の1年間の成績表です。P/L（Profit and Loss Statement）と略されます。

営業利益とは、本業によるもうけ

　損益計算書の項目は、右ページのようにまとめるのが原則です。大きく分けて、会社の営業活動による損益（営業損益）を示すブロック、営業活動以外の損益（営業外損益）を示すブロック、その他、臨時に生じた損益（特別損益）を示すブロックに分けられます。左の金額欄は内訳、右側の金額欄はそれぞれの項目の集計額となります。これらにより、5つの利益を表すことができます。
　まず、損益計算書の最も上に、売上高、売上原価を差し引いた「売上総利益」を記載します。下に行くにしたがい、段階ごとにさまざまな収益や費用を足し引きして、最下段に当期の最終的な利益（当期純利益）を記載します。
　会社として最も注目するのは「営業利益」です。売上総利益から、社員の給与や必要経費を差し引いた金額です。営業利益を見れば、会社の営業活動（本業）によりどれだけもうかったかがわかります。

> **ひとくち MEMO**　**個別注記表**　決算書の金額がどんな計算方法により算出されたかなど、決算書を読みとくうえで必要なポイントをまとめたもの。売上計上のルール、棚卸資産の計算方法など。

5つの利益に注目しよう

損益計算書の例

損益計算書

自 20XX 年 4 月 1 日
至 20XX 年 3 月 31 日

(単位・円)

科目	金額	
売上高		000
売上原価		000
売上総利益		000
販売費及び一般管理費		000
営業利益		000
営業外収益		
受取利息	000	
受取配当金	000	
受取手数料	000	
営業外収益合計		000
営業外費用		
支払利息	000	
売上割引	000	
雑損失	000	
営業外費用合計		000
経常利益		000
特別利益		
固定資産売却益	000	
投資有価証券売却益	000	
特別利益合計		000
特別損失		
固定資産売却損	000	
特別損失合計		000
税引前当期純利益		000
法人税、住民税及び事業税		000
当期純利益		000

1 売上総利益

売上高－売上原価

その会社の基本的な収益力を示す。粗利(あらり)ともいう。

2 営業利益

売上総利益－販売費及び一般管理費

本業によるもうけを示す。

3 経常利益

営業利益＋営業外収益－営業外費用

投資による損得など、本業以外の収支を含めたもうけを示す。

4 税引前当期純利益

経常利益＋特別利益－特別損失

法人税などの税金を差し引く前のもうけを示す。

5 当期純利益

税引前当期純利益－法人税、住民税及び事業税

最終的なもうけを示す。

第三章　経理編　会社のお金の流れをしっかり把握しよう

経理の年に一度の仕事

貸借対照表で会社の経営状態がわかる

決算書（貸借対照表）

経理編 - 経理の年に一度の仕事

ポイント&ナビ
- 作成は決算日時点で行う。
- 左側（借方）と右側（貸方）の合計額は必ず一致すること。
- 純資産が大きいほど、経営は安定している。

現金化しやすいかどうかも分類のポイント

貸借対照表とは、事業年度末（決算日）における、会社の財務状態を明らかにする書類です。B/S（Balance Sheet）と略されます。貸借対照表の左側（借方）は「資産の部」といい、その項目は、資金の運用状況を表します。右側（貸方）は「負債・純資産の部」といい、事業の資金をどこからどのように調達したかを表します。「**資産の部**」と「**負債の部**」＋「**純資産の部**」は、必ず同じ金額になっていなければいけません。

「資産」とは、現金や商品、土地、建物、設備などです。「負債」とは借入金や未払金です。「純資産」とは、株主が出資した資本金や、手元に残った利益などです。

資産は、1年以内に現金化できる「流動資産」、1年を超えて保有し続ける「固定資産」に分けます。負債は、1年以内に返済や支払いを行う「流動負債」、支払期限が1年を超える「固固定負債」に分けます（ワンイヤールール）。現金化しやすい、早く支払わなければならない項目ほど、表の上部に記載します。

流動資産＞流動負債なら、資金繰りに余裕あり

貸借対照表には、さまざまな見るべきポイントがあります。たとえば、**純資産が多ければ、会社の経営は安定していると考えられます。逆に負債が多すぎるようなら、経営状態に問題があります。流動負債より流動資産が多ければ、短期的な資金繰りに問題はないと考えられます。**

貸借対照表をはじめとする決算書は、株主だけでなく、金融機関にお金を借りるときなどに提出を求められ、経営状態を判断する材料になります。

ひとくちMEMO **決算公告** すべての会社は、会社法の定めにより、決算書類作成後、官報や新聞、ウェブサイトなどで、貸借対照表の要旨を公にしなければならないことになっている。

貸借対照表はブロックごとに金額をつかむ

資産の部（左側）＝借方
右側（貸方）の資金を、どのように活用しているかを示すブロック。

負債の部・純資産の部（右側）＝貸方
事業の資金を、どのように調達したかを示すブロック。

貸借対照表
20XX 年 3 月 31 日現在

（単位・円）

科目	金額
（資産の部）	
【流動資産】	000
現金・預金	000
売掛金	000
有価証券	000
商品	000
前払費用	000
未収収益	000
未収入金	000
貸倒引当金	△000
【固定資産】	000
（有形固定資産）	000
建物	000
工具器具備品	000
リース資産	000
（投資その他の資産）	000
投資有価証券	000
長期貸付金	000
貸倒引当金	△000
【繰延資産】	000
資産合計	000

科目	金額
（負債の部）	
【流動負債】	000
支払手形	000
買掛金	000
短期借入金	000
未払金	000
未払法人税等	000
前受金	000
賞与引当金	000
【固定負債】	000
社債	000
長期借入金	000
リース債務	000
負債合計	000
（純資産の部）	
【株主資本】	000
資本金	000
資本剰余金	000
利益剰余金	000
純資産合計	000
負債・純資産合計	000

資産の部（左側）と、負債の部・純資産の部（右側）の合計額は、必ず同じになる。

❶ 流動資産
1 年以内に現金化できる資産。上から現金化しやすい順に並んでいる。

❷ 固定資産
1 年を超えて使用・保有する資産（→ 220 ページ）。

❸ 繰延資産
支払いは終わっているが、その効果が長期におよぶ資産（→ 226 ページ）。

❹ 流動負債
1 年以内に支払いをする負債。上から支払いの早い順に並んでいる。

❺ 固定負債
支払期限が 1 年を超える負債。

❻ 純資産
株主の出資金や自己資本など、返済の必要のない資金。

第三章　経理編　会社のお金の流れをしっかり把握しよう

経理の年に一度の仕事

233

法人税の申告・納付

経理編 - 経理の年に一度の仕事

決算日から2か月以内に税金を納める

ポイント&ナビ

- 税金計算上の所得は、決算による利益と同じではないため、調整が必要になる。
- 事業年度終了日から2か月以内に、申告・納税する。

会計と税務では、お金のとらえ方が異なる

個人の所得に所得税がかかるように、会社の所得には法人税がかかります。会社の所得とは、決算書（損益計算書）に示された利益に、法人税法に定められた調整を加えた金額です。

所得金額は、「益金」（会計での収益）から、「損金」（会計での費用・損失）を差し引いた金額です。ただし、会計上の収益と益金、会計上の費用・損失と損金にはこまかな違いがあります。そのため、法人税の計算では、まず右ページのように、益金になるもの、ならないもの（益金算入、益金不算入）、損金になるもの、ならないもの（損金算入、損金不算入）の区別を明確にして、決算上の利益を調整する必要があります。

中小企業は税率が軽減されている

所得金額に税率を掛け、一定の控除額（利子や配当に対する源泉税など）を差し引いた額が法人税額となります。**税率は、原則として23.2％ですが、資本金・出資金が1億円以下の中小企業*の場合、年800万円以下の所得部分は15％に軽減されています。**

会社は、**事業年度終了の翌日から2か月以内に、法人税申告書を提出し、納税します（赤字の場合も必ず申告する）**。また、会社（事業年度が6か月超）は、事業年度が始まってから6か月経過日から2か月以内に、中間申告書（または予定申告書）の提出と納税が必要になります。そのため、決算後の法人税申告時には、中間申告時（または予定申告時）の納税額を差し引いて納税します。

> **ひとくちMEMO　青色申告法人**　事前に届け出をして、複式帳簿をつけるなど一定条件を満たす場合に、税務上有利な扱いを受けられる。日本の会社の大半は青色申告法人である。

＊資本金5億円以上の会社の100％子会社等は除く。

法人税はこう計算する

法人税額 = 課税される所得金額 × 税率

課税される所得金額 = 決算による利益 + 加算項目 − 減算項目

- 加算項目…益金算入と損金不算入の項目
- 減算項目…益金不算入と損金算入の項目

益金算入の項目例…売上計上もれ額
益金不算入の項目例…法人税の還付金
損金不算入の項目例…減価償却資産の償却超過額
損金算入の項目例…欠損金の繰越控除額

資本金1億円超の会社

税率 **23.2%**

地方法人税（→236ページ）も併せて納付する。税金の知識を深めておこう。

資本金1億円以下の会社

所得のうち800万円以下の部分　税率 **15%** ＊

所得のうち800万円超の部分　税率 **23.2%**

＊ 2023年3月31日までに始まる事業年度で適用される税率（本来は19%）。

地方税の申告・納付

経理編 - 経理の年に一度の仕事

会社が納める地方税には大きく2つの種類がある

ポイント&ナビ
- 税率は自治体によって異なる。
- 法人住民税（道府県民税分）と法人事業税は一緒に申告・納付できる。

法人住民税は、均等割と法人税割の合計

　会社は、国税である法人税以外にも、法人住民税や法人事業税といった地方税を納めます。**法人住民税は、会社の事業所がある都道府県と市町村に納める税金です。** 資本金の額や社員の数に応じて課税される「均等割」と、その事業年度の法人税額をもとに計算される「法人税割」の合計額です。なお、東京23区の場合、道府県民税分と市町村民税分を合わせて、都民税として納めます。

　2つ以上の都道府県や市町村に事業所がある場合、均等割はそれぞれの自治体に納め、法人税割は、各事業所の社員数で税額を按分して納めます。

市町村民税は市町村へ、道府県民税は都道府県へ

　法人事業税は、会社やその社員が受ける都道府県の公共サービスの費用のために、会社のある都道府県に納める税金です。 業種や資本金、所得の額などに応じて、自治体により税率が異なります。

　事業所が2つ以上の都道府県にある場合は、定められた方法で按分して、それぞれの自治体に納めます。

　法人住民税も法人事業税も、税率には標準税率や制限税率などが定められていますが、自治体によって違いがあります。そのため、申告する自治体の手引きなどで確認が必要です。

　申告・納付は、事業年度終了の日から2か月以内に、市町村民税は市町村役場、道府県民税は都道府県税事務所で、それぞれ行います。道府県民税と法人事業税は、一緒に申告・納付できます。

> **ひとくちMEMO　地方法人税**　地域間の税の偏りを是正するため、いったん国税として徴収し、地方へ配分するために創設された税金。

税額は自治体によって異なる

法人事業税額 =

(**課税される所得（課税標準）** **税率（3.5〜7.0％）**)

- 基本的には、法人税と同様の金額。
- 税率は所得区分により変わる。また、上記は標準税率。自治体によって税率は異なる。

＋ **特別法人事業税（法人事業税額の37％）**

法人住民税額（道府県民税＋市町村民税） =

(**均等割** ＋ **法人税割**)

- **会社の規模などに応じてかかる**
  税額は、資本金や従業員数により、道府県民税が5段階、市町村民税が10段階に分かれる（例・資本金1000万円超1億円以下、従業員50人以下の場合、道府県民税5万円、市町村民税13万円）。

- **法人税額に応じてかかる**
  法人税額×1％（道府県民税）＋法人税額×6％（市町村民税）
  注・いずれも標準税率。自治体によって税率は異なる。

申告・納税（事業年度終了の日から2か月以内）

法人事業税 道府県民税 ▼ 都道府県税事務所

市町村民税 ▼ 市町村役場

※その他、地方法人税を国に納める（法人税額の10.3％）。

＋αコラム 資本金が1億円を超える会社は電子申告が義務づけられた

2020年4月以後に始まる事業年度から、資本金が1億円を超える会社は、法人税や消費税の電子申告（e-Tax）、一部社会保険等手続きの電子申請が義務化されました（→16ページ）。将来的には中小企業でも検討されるでしょう。早いうちから情報を集め、電子化に向けた環境整備が大切です。

消費税の しくみ

経理編 - 経理の年に一度の仕事

売上高1000万円が消費税課税の分かれ目

ポイント&ナビ

- 前々事業年度の課税売上高が1000万円を超えると、課税事業者となる。
- 勘定科目は「仮受消費税」または「仮払消費税」。

2019年10月から消費税は10％になった

　消費税は、商品の販売やサービス提供にかかる税金です。2019年10月に8％（国税6.3％＋地方税1.7％）から、10％（国税7.8％＋地方税2.2％）に引き上げられました（軽減税率あり）。

　消費者は、物品などの購入時に、上乗せされた消費税を支払えばよいのですが、会社は、消費者や取引先などから受け取った消費税を、納付する必要があります。納付する消費税額は、受け取った消費税から、仕入れなどで代金を支払うときに支払った消費税分を差し引いて計算します（→240ページ）。

　消費税を納める「課税事業者」となるのは、**前々事業年度（または前事業年度開始から6か月間）の課税売上高が1000万円を超える場合**などです。当期に課税売上高が1000万円を超えると、翌々年度に消費税の課税事業者になるわけです。この場合、所轄の税務署に「消費税課税事業者届出書」を提出します。

消費税の帳簿入力は税抜き、税込みの2種類ある

　帳簿での消費税の扱いは、「税抜経理方式」と「税込経理方式」の2種類があります。**税抜経理方式では、1つの取引に対して、売上金額と消費税額を区別して入力します。**勘定科目は、受け取った消費税を「仮受消費税」、支払った消費税を「仮払消費税」とします。経理事務が煩雑になりますが、より正確な財務状況を把握できます。課税事業者の多くは、この方式を採用しています。

　税込経理方式では、消費税額込みで帳簿入力します。日々の入力は簡単ですが、課税事業者の場合、期末にあらためて消費税の計算をする必要があります。

> **ひとくちMEMO　軽減税率**　酒類・外食を除く飲食料品などは8％据え置きの軽減税率が適用されている。税率が複数となり、以前より経理事務がより煩雑になっているので注意。

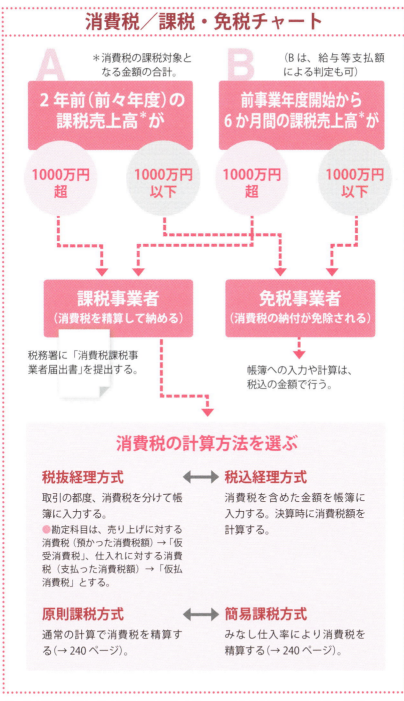

消費税の申告・納付

経理編 - 経理の年に一度の仕事

売上高が5000万円以下なら簡単な計算方法を採用できる

ポイント&ナビ
- みなし仕入率を知っておこう。
- 決算日から2か月以内に申告・納税する。地方消費税も一緒に行う。

「原則」課税方式と「簡易」課税方式がある

　納付する消費税の計算には、2つの方法があります（仕入税額控除）。

　まず、**売り上げに対する消費税額（受け取った消費税）から、仕入れに対する消費税額（支払った消費税）を差し引く方法**です。これを「原則課税方式」といいます。

　もう1つは、**計算方法を簡略化した「簡易課税方式」**です。仕入れに対する消費税額を、売り上げに対する消費税額に「みなし仕入率」という業種ごとの一定率を掛けた金額とすることができます。前々事業年度の課税売上高が5000万円以下の場合に、簡易課税方式を選ぶことができます。

　原則課税方式と簡易課税方式では、税務署に納める消費税の額が違ってきます。ただし、その損得は、実際に試算してみなければわかりません。簡易課税方式を採用するには、税務署への届け出が必要です。

申告・納税は年に一度とは限らない

　消費税の精算は、決算調整時に行います。上記の計算により、消費税の金額を精算して、決算書に計上します。勘定科目は「租税公課（または消費税等）」「未払消費税等」などを使います。

　決算に基づき、**決算日から2か月以内*に、所轄の税務署に消費税の確定申告を行います。申告と同時に、地方消費税分も合わせた消費税を納税します**。なお、前期の消費税納税額に応じて、一定期間ごとに中間申告と、その期間ごとの納付が必要になります（→右ページ表）。

ひとくちMEMO　消費税の還付　受け取った消費税より支払った消費税のほうが多ければ、その差額が還付される。ただし、免税事業者または簡易課税方式を採用した場合は還付を受けられない。

＊ 2021年3月31日以後に終了する事業年度から、税務署への届け出により申告期限を1か月延長できる。

いずれか有利なほうを選べる（一定の場合）

原則課税方式

課税売上高 × 税率 − 課税仕入高 × 税率 = 申告・納付する消費税額

簡易課税方式

課税売上高 × 税率 −（課税売上高 × 税率 × みなし仕入率）= 申告・納付する消費税額

注・売り上げと仕入れごとに、通常の税率（10％）と軽減税率（8％）に分けて税額を計算する。

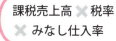

どちらを選んでもよいが、有利、不利の判断は、税理士などに相談が必要だ。

みなし仕入率は業種で違う

卸売業（第一種事業）90％
小売業（第二種事業）80％
農林水産業、製造業など（第三種事業）70％*
飲食業など（第四種事業）60％
金融業、サービス業など（第五種事業）50％
不動産業（第六種事業）40％

＊食用にかかる生産を行う農林水産業は、80％。

前期の消費税額により、申告・納税の回数が異なる

前期の消費税額	申告・納税の回数	申告・納税期限
48万円以下	確定申告のみ。	決算日の翌日から2か月以内
48万円超 400万円以下	確定申告と別に、年1回の中間申告を行う。	決算日・半期末の翌日から2か月以内
400万円超 4800万円以下	確定申告と別に、年3回の中間申告を行う（3か月ごとに申告・納税）。	決算日・各四半期末の翌日から2か月以内
4800万円超	確定申告と別に、年11回の中間申告を行う（月ごとに申告・納税）。	決算日・各月末の翌日から2か月以内*

注・国税分のみの金額。　　＊中間申告の最初の1か月分は3か月以内。

経理の仕事・達成度チェックリスト

第三章を読んで実際に仕事を始めたら、
定期的に次の項目をチェックしましょう。
すべてにチェックが入るようになれば一人前です。

- ☑ 会社で使っている会計ソフトの使い方をマスターした。
- ☑ 勘定科目を、資産、負債、純資産、収益、費用に振り分けられる。
- ☑ 複式簿記について、必要な知識を持っている。
- ☑ 会社で使っている帳簿の役割と入力内容を把握している。
- ☑ 会社で納める税金の納付時期を把握している。
- ☑ 手形や小切手を振り出すとき、受け取ったときの注意点を理解している。
- ☑ 決算で行う仕事を順を追っていえる。
- ☑ 決算書を見て、各項目(科目)と金額の意味がわかる。
- ☑ 月単位、年単位で、いつどんな業務を行うか把握している。

さあ、いくつチェックを入れられたかな?

すべてにチェック ➡ 経理担当者として一人前。慢心せず、日々新しい工夫や知識の習得を心がけましょう。

チェックが5つ以上 ➡ 順調な成長ぶり。「頼りになる社員」はもう目前です。

チェックが5つ未満 ➡ 覚えることはまだたくさんありますが、自分の確かな成長を喜びましょう。

さくいん

あ

アルバイト ・・・・・・・・・・・・・・・・ 112
育児休業給付金 ・・・・・・・・・・・・・・ 130
一括償却資産 ・・・・・・・・・・・・・・・・ 222
印紙税 ・・・・・・・・・・・・・・・・・・・・ 58
印章 ・・・・・・・・・・・・・・・・・・・・・・ 60
インボイス制度 ・・・・・・・・・・・・ 9,174
受取基準 ・・・・・・・・・・・・・・・・・・ 176
売上原価 ・・・・・・・・・・・・・・・・・・ 218
売掛金 ・・・・・・・・・・・・・・・174,188,204
営業利益 ・・・・・・・・・・・・・・・・・・ 230
益金 ・・・・・・・・・・・・・・・・・・・・・ 234
お歳暮 ・・・・・・・・・・・・・・・・・・・・ 78
お中元 ・・・・・・・・・・・・・・・・・・・・ 78

か

買掛金 ・・・・・・・・・・・・・・・・・・・・176,188
会計上の繰延資産 ・・・・・・・・・・・・・ 226
会計ソフト ・・・・・・・・・・・・・・ 184,202
解雇 ・・・・・・・・・・・・・・・・・・・・・ 121
介護休業給付金 ・・・・・・・・・・・・・・ 130
解雇予告（手当） ・・・・・・・・・・・・・ 121
会社 ・・・・・・・・・・・・・・・・・・・・・・74
貸方 ・・・・・・・・・・・・・・・・・・・・・ 182
貸倒引当金 ・・・・・・・・・・・・・・・・・ 224
課税事業者 ・・・・・・・・・・・・・・・・・ 238
課税文書 ・・・・・・・・・・・・・・・・・・・ 58
株式会社 ・・・・・・・・・・・・・・・・・・・ 74
株主総会（定時株主総会） ・・・・・・ 72,74
借方 ・・・・・・・・・・・・・・・・・・・・・ 182

仮払金 ・・・・・・・・・・・・・・・・・・・・ 193
過労死 ・・・・・・・・・・・・・・・・・・・・ 102
簡易課税方式 ・・・・・・・・・・・・・・・・ 240
勘定科目 ・・・・・・・・・・・・・・・・・・ 190
議事録 ・・・・・・・・・・・・・・・・・・・・ 72
季節の挨拶 ・・・・・・・・・・・・・・・・・・ 78
基本手当 ・・・・・・・・・・・・・・・・・・ 126
休暇 ・・・・・・・・・・・・・・・・・・・・・・ 98
休業（補償）給付 ・・・・・・・・・・・・・ 134
休日 ・・・・・・・・・・・・・・・・・・・・・・ 98
休日労働 ・・・・・・・・・・・・・・・・・・ 100
求職者給付 ・・・・・・・・・・・・・・・・・ 126
給与改定 ・・・・・・・・・・・・・・・・・・ 154
給与計算 ・・・・・・・・・・・・・・・・・・ 140
「給与支払報告・特別徴収に係る
給与所得者異動届出書」・・・・・・・・・ 148
「給与所得者の基礎控除申告書兼給与
所得者の配偶者控除等申告書兼所得金
額調整控除申告書」・・・・・・・・・・・・ 210
「給与所得者の扶養控除等（異動）申告書」・・ 209
「給与所得者の保険料控除申告書」・・ 208
「給与所得の源泉徴収票（給与支払報告書）」
・・・・・・・・・・・・・・・・・・・・・・・ 212
教育訓練給付 ・・・・・・・・・・・・・・・ 126
協定控除 ・・・・・・・・・・・・・・・・・・ 141
業務災害 ・・・・・・・・・・・・・・・・134,136
記録文書 ・・・・・・・・・・・・・・・・・・・ 36
銀行印 ・・・・・・・・・・・・・・・・・・・・ 60
勤怠管理 ・・・・・・・・・・・・・・・・・・・ 96
勤務間インターバル制度 ・・・・・・・・・ 14
区分経理 ・・・・・・・・・・・・・・・・・ 9,174

繰り延べ	216,226,228	合計残高試算表	202
繰延資産	226	合計試算表	202
契印	61	交際費	194
経過勘定	228	合資会社	74
継続雇用制度	124	厚生年金保険	132
慶弔	66	厚生年金保険（加入）	113
経費削減	196	交通費（旅費交通費）	192
契約	56	交通費精算書	193
契約書	54	公的保険	132
消印	58	香典	67
決算	164,214	合同会社	74
決算書	214,230,232	高度プロフェッショナル制度	14
決算調整	216	高年齢雇用継続給付	125
月次試算表	202,215	広報	70
減価償却	217,220,222	合名会社	74
現金出納帳	170,186,188	小切手	198
健康保険	132	個人情報	51
健康保険（加入）	113	固定資産	220,232
健康保険（給付）	128	固定資産台帳	221
「健康保険・厚生年金保険被保険者資格取得届」	108	固定負債	232
「健康保険・厚生年金保険被保険者資格喪失届」	116	雇用継続給付	126
		雇用保険（加入）	113
「健康保険・厚生年金保険被保険者報酬月額算定基礎届」	151	「雇用保険被保険者資格取得届」	108
		「雇用保険被保険者資格喪失届」	118
「健康保険・厚生年金保険被保険者報酬月額変更届」	155	「雇用保険被保険者離職証明書」	118
		雇用保険料	144,152
健康保険（定年退職）	125	雇用保険料（賞与）	157
「健康保険被扶養者（異動）届」	110		

さ

検収基準	174,176	サービス残業	102
源泉徴収	146,206	債権	204
源泉徴収税額表（月額表）	146	債務不履行	57
源泉徴収票	212	三六協定	100
原則課税方式	240	産業医	14,80

残高試算表	202	少額減価償却資産	222
CC（カーボン・コピー）	40	試用期間	106
仕入先元帳（買掛金元帳）	176,186,188	商業登記（簿）	62,76
仕入税額控除	10	消費税	9,59,238,240
時間外労働	13,100	証憑	174
時候の挨拶	38	傷病手当金	128
資産	232	消耗品	42,197
失業給付	126	「賞与に対する源泉徴収税額の	
支払調書	212	算出率の表」	156
支払保険料	197	所定労働時間	96
社外文書	38	所得税（賞与）	156
社会保険	132,138	所得税（退職金）	123
社会保険の定時決定	150	仕訳	180,182
社会保険料	142,150	仕訳伝票（仕訳帳）	172,187
社会保険料（賞与）	157	人事考課	154
社内行事	71	深夜労働	100
社内文書	36	出納業務	170
社判（角印）	60	捨印	61
社用車	46	請求書	174,179
社用車管理規程	46	税込経理方式	238
車両管理台帳	46	精算書	192
祝儀	67	精算表	217
就業規則	94,160	税抜経理方式	238
就職促進給付	126	税務上の繰延資産	226
修繕費	197	整理解雇	121
収入印紙	58	絶対的記載事項	95
住民税	148	線引小切手	198
住民税（賞与）	157	総勘定元帳	187
住民税（退職金）	123	葬儀	68
出荷基準	174,176	損益計算書	191,230
出金伝票	172	損金	234
出産の給付金	130		
主要簿	186	**た**	
純資産	232	代休	98

245

貸借対照表 ----------------------190,232
退職 ----------------------114,116,118
退職金 ------------------------------122
退職所得の源泉徴収票 -------------122
代表者印（実印）------------------ 60
耐用年数 ----------------------------220
棚卸 --------------------------216,218
単式簿記 ----------------------------180
地方税 ------------------------------236
中小企業退職金共済制度（中退共）
----------------------------------122
懲戒解雇 ----------------------------121
帳簿 --------------164,180,184,186,188
通勤災害 ----------------------134,136
通勤費 ------------------------------192
通達文書 ------------------------------36
通知預金 ----------------------------171
定額法 ------------------------------222
定期昇給 ----------------------------154
定期預金 ----------------------------171
訂正印 --------------------------------61
定年 --------------------------------124
定率法 ------------------------------222
手形 --------------------------------200
手形の裏書 --------------------------200
手形の割引 --------------------------200
適格請求書 ----------------------------10
電子申告 ----------------------------237
登記 ------------------------------62,64
登記・供託オンライン申請システム
------------------------------------ 62
登記事項証明書 ----------------------62
頭語 - 結語 ----------------------------38
当座預金 ------------------------171,198
得意先元帳（売掛金元帳）----- 186,188
特別徴収 ----------------------------148

届出文書 ------------------------------36
止印 ----------------------------------61
取引先名簿 ----------------------------50

な

入金伝票 ----------------------------172
年賀状 --------------------------------78
年金（定年退職）---------------------125
年次有給休暇 --------------------98,104
年末調整 --------------206,208,210,211
納品基準 ----------------------------174

は

パートタイマー ----------------------112
派遣社員 ----------------------------113
働き方改革 ----------------- 12,13,14
発生主義 ----------------------------228
ハラスメント対策 ---------------------83
引当金 ----------------------- 217,224
BCC（ブラインド・カーボン・コピー）----- 40
ビジネスメール ------------------------40
必要経費 --------------------192,194,196
備品 ----------------------------------44
被扶養者 ----------------------------110
評価性引当金 ------------------------224
標準賞与額 --------------------------156
標準報酬月額 --------------------142,150
複式簿記 ------------------------180,182
負債 --------------------------------232
負債性引当金 ------------------------224
普通解雇 ----------------------------121
普通徴収 ----------------------------148
普通預金 ----------------------------171
不動産全部事項証明書 ----------------65
不動産登記 ----------------------------64
振替休日 ------------------------------98

246

振替伝票 ----------------------------- 172,179
不良債権 ------------------------------- 204
フレックスタイム制 -------------- 14,97
不渡り -------------------------------- 200
文書の保管（保存）期間 ------- 53,178
ベースアップ ------------------------- 154
変形労働時間制 ---------------------- 97
変更登記 -------------------------------- 76
防災管理 -------------------------------- 82
報酬 ----------------------------------- 142
「報酬、料金、契約金及び賞金の
支払調書」 ---------------------------- 212
法人事業税 --------------------------- 236
法人住民税 --------------------------- 236
法人税 -------------------------- 234
法定休暇 -------------------------------- 98
法定控除 ------------------------------- 141
法定労働時間 --------------------------- 96
法要 ----------------------------------- 69
ホームページ運用 --------------------- 71
募集 ---------------------------------- 158
補助簿 ------------------------------- 180,186

ま

マイナンバー制度 ------------------- 120
前受収益 ------------------------------- 228
前払費用 ------------------------------- 228
見越し ---------------------------- 216,228
未収収益 ------------------------------- 228
みなし仕入率 ------------------------- 240
みなし労働時間制 --------------------- 97
未払費用 ------------------------------- 228
無形固定資産 ------------------------- 220
免税事業者 --------------------------- 239
メンタルヘルス ----------------------- 80

や

有価証券 ------------------------------- 225
有給休暇 --------------------------- 14,104
有形固定資産 ------------------------- 220
郵便物 ---------------------------------- 48
預金出納帳 ----------------- 170,186,188
与信管理 ------------------------------- 204

ら

リース --------------------------------- 44
流動資産 ------------------------------- 232
流動負債 ------------------------------- 232
領収書 ----------------------------- 177,179
療養（補償）給付 ------------------- 134
履歴事項全部証明書 ------------------ 63
レンタル ------------------------------- 44
労災保険 --------------------------- 134,136
労災保険（加入）------------------- 113
労災保険料 ----------------------- 144,152
労働基準監督署 ----------------------- 93
労働基準法 ----------------------------- 92
労働協約 ------------------------------- 160
労働者災害補償保険 ---------------- 134
「労働者死傷病報告」---------------- 134
「労働条件通知書」------------------- 106
労働保険 ------------------------------- 132
「労働保険概算・確定保険料申告書」----- 152
労働保険の年度更新 --------------- 152
労働保険料 --------------------- 144,152

わ

割印 ----------------------------------- 61
割増賃金 --------------------------- 12,100

247

● 監修者

アタックスグループ
永井良輔 (ながい りょうすけ)

1988年生まれ。税理士。中小企業から上場会社まで、幅広い法人の税務顧問業務を担当。クライアントの節税対策・組織再編支援といった法人税務から、オーナーの事業承継支援・相続対策まで、総合的な税務コンサルティングに従事し、問題解決型の税務支援を通じて、顧客からの厚い信頼を得ている。

アタックスグループ
吉崎英利 (よしざき ひでとし)

1989年生まれ。社会保険労務士。社会保険労務士事務所勤務を経て、株式会社アタックス・ヒューマン・コンサルティングに入社。社会保険手続き、就業規則支援、労務相談等の豊富な経験をいかし、現在は人事制度構築運用、労務管理、組織活性化等に関する問題解決型のコンサルティング業務を行っている。

● 本文デザイン　　有限会社南雲デザイン　● イラスト　村山宇希（株式会社ぽるか）
● 校正　　　　　　寺尾徳子　　　　　　　● DTP　株式会社明昌堂
● 編集協力　　　　株式会社オフィス201、近藤昭彦
● 企画・編集　　　成美堂出版株式会社（原田洋介・今村恒隆）

本書に関する正誤等の情報は、下記のアドレスで確認することができます。
http://www.seibidoshuppan.co.jp/support/

※上記アドレスに掲載されていない箇所で、正誤についてお気づきの場合は、書名・発行日・質問事項・氏名・住所・FAX番号を明記の上、成美堂出版まで郵送またはFAXでお問い合わせください。**お電話でのお問い合わせは、お受けできません。**
※本書の正誤に関するご質問以外はお受けできません。また法律相談・税務相談などは行っておりません。
※内容によっては、ご質問をいただいてから回答を郵送またはFAXで発送するまでお時間をいただく場合もございます。
※ご質問の受付期限は、2022年6月末到着分までとさせていただきます。ご了承ください。

図解 いちばんやさしく丁寧に書いた総務・労務・経理の本 '21〜'22年版

2021年7月10日発行

監　修　　永井良輔　吉崎英利
　　　　　（なが い りょうすけ）（よし ざき ひで とし）

発行者　　深見公子

発行所　　**成美堂出版**
　　　　　〒162-8445　東京都新宿区新小川町1-7
　　　　　電話(03)5206-8151　FAX(03)5206-8159

印　刷　　共同印刷株式会社

©SEIBIDO SHUPPAN 2021　PRINTED IN JAPAN
ISBN978-4-415-32997-0
落丁・乱丁などの不良本はお取り替えします
定価はカバーに表示してあります

・本書および本書の付属物を無断で複写、複製（コピー）、引用することは著作権法上での例外を除き禁じられています。また代行業者等の第三者に依頼してスキャンやデジタル化することは、たとえ個人や家庭内の利用であっても一切認められておりません。

図解 いちばんやさしく丁寧に書いた
総務・労務・経理の本
'21〜'22年版

総務・労務・経理のキーワード68
＋お役立ち資料集

矢印の方向に引くと
取り外せます。

成美堂出版

もくじ

これだけは知っておきたい
総務・労務・経理のキーワード68

総務編……1

労務編……4

経理編……6

総務・労務・経理 お役立ち資料集

年次有給休暇日数表……9

雇用保険料率表……9

労災保険料率表……10

印紙税額一覧表……11

所得控除一覧表……12

主な固定資産の耐用年数、償却率表……13

書き込み式チェック表

・自己管理用　1年間のスケジュール……15

・わが社の勘定科目　覚え書き……17

・困ったときの問い合わせ先リスト……18

これだけは知っておきたい
総務・労務・経理のキーワード**68**

・・・・・・・・・・・・・・・総 務 編・・・・・・・・・・・・・・・

印鑑証明（印鑑証明書）　書類や文書に使用する印鑑（印影）が、正当な印鑑（印影）であることを証明すること。不動産登記など、重要な契約を結ぶときに提出を求められる。事前に法務局などに印鑑登録をしておき、必要なときに、印鑑証明書を発行してもらう。

印紙（収入印紙）　印紙税などの徴収のために財務省が発行する証票。領収書や契約書などの書類に、定められた額の印紙を貼付して、納税する。1円から10万円まで31種類あり、郵便局や法務局などで購入できる。

会社法　会社の設立や、会社の組織の運営、管理、さらには株主の権利などについて定めた法律。旧商法の一部や旧有限会社法など、会社に関する法律を統合し、2006年5月に施行された。その後、社外取締役機能や親子会社、株主総会の運営等について改正が行われている。

株式会社　株主から調達した資金をもとに、株主から委任を受けた経営者が事業を行い、配当により、利益を株主に還元する会社の形態。株主は、出資した金額の範囲で、会社の債務に責任を持つ（有限責任）。

株主総会　株主が、自分が持つ議決権（1株＝1票）により、意思決定を

行う株式会社の最高機関。1事業年度に1回、必ず開く必要がある（定時株主総会）。そのほか、急な定款変更など、必要に応じて開催される、臨時株主総会がある。

公正証書　法律の専門家である公証人が作成する公文書。法的な「証拠力」が非常に強い。そのため、契約書などを公正証書でつくっておくと、債務が支払われない場合に、裁判を起こす必要がなく、強制回収の手続きをとることができる。

個人情報保護法（個人情報の保護に関する法律）　「個人情報」の取り扱いについて定めた法律。個人情報とは、生存する個人に関する情報で、特定の個人を識別できるもの。2017年に、個人情報の範囲を明確化、個人情報を扱うすべての会社に適用されることとなった。

コンプライアンス　「法令等の遵守」の意。取引や納税、社員への対応、消費者、一般市民への対応など、会社が法律や社会常識を正しく守り、事業を行うこと。

借地権　自社所有の建物を建てることを目的として、その建物を建てる土地を借りる権利。通常の借地権（通常30年以上）とは別に、10年以上50年未満で期間を定めて借りる「事業用定期借地権」がある。また、建物の賃貸借は「借家権」という。

商業登記簿　会社の商号、本店所在地、設立年月日、役員などの会社の基本情報を、会社を管轄する法務局に登記した公的文書。会社の設立に不可欠。個人の住民票や戸籍に相当する。申請すれば誰でも見られる。

セクシュアルハラスメント　相手の意に反する性的言動。直接的な行動によるものから、言葉によるものなど、その範囲は広いが、相手が不快と感じれば、セクハラと認定される可能性がある。会社には防止措置が義務づけられている。

知的財産権（知的所有権）　産業財産権（特許権、実用新案権、意匠権、商標権など）と著作権のこと。産業財産権は、製品のつくり方やデザイン、アイデアなどを財産とする権利。特許庁に出願・登録することで権利が発生する。創作物に対する著作権は、創作と同時に発生する。

電子証明書　メールなどを利用した電子商取引で、やりとりの信頼性を高めるために用いられる証明書。認証局でこの証明書の発行を受け「公開鍵暗号方式」により、やりとりを暗号化する。

取締役　株主により選任され、経営者として会社の経営を行う人。会社は、最低1人は取締役を置かなければならない。取締役のなかから代表取締役が選ばれる。

内容証明郵便　いつ、誰が、誰あてに、どのような内容の文書を送ったのかを、差出人が作成した謄本によって証明する郵便サービス。支払い遅延に対する督促状などで利用される。

バックアップ　電子情報の喪失に備えて、別の媒体、別の方法でコピーを保存しておくこと。ハードディスクやDVD、CD-Rなどが使われる。システム管理責任者による共有サーバー上でのバックアップに加えて、個人レベルでのバックアップも活用する。

パワーハラスメント　上司と部下など優越的な関係を背景に、業務などで必要な範囲を超えた言動により社員に身体的・精神的苦痛を与えること。2020年6月から会社に防止措置が義務づけられた（中小企業は2022年4月から）。

ファシリティマネジメント　会社の持つ不動産や建物、設備などを、費用対効果が最大になるよう、会社全体で管理していく手法。

不動産登記簿　不動産に関する権利関係などを明らかにした公的文書。土地や建物の所在地や面積、所有権の移転状況、抵当権（借金の担保にする権利）などが記載される。

プライバシーマーク（Pマーク）　「一般財団法人日本情報経済社会推進協会（JIPDEC）」により、個人（顧客）情報を保護するために、高いレベルのしくみや手続きを確立し、運用している事業者と認定されたことを表すマーク。

法務　会社の営業活動のなかで発生する法律問題に対応する部署。コンプライアンスへの関心の高まりとともに、重要性が高くなっている。

リース　業務用OA機器や機械など、比較的高額な備品などを、リース会社に借りる契約方式。期間は、3～7年など長期にわたることが多い。使用する機器は、ある程度自由に選べるが、中途解約は原則としてできない。

リスクマネジメント　会社を取り巻くさまざまな経営管理上のリスク（業績、労務管理の問題、自然災害、不祥事、得意先の倒産など）を具体的に想定・分析し、損失を最小限に抑える対策をとること。

レンタル　レンタル会社が保有する物品を、時間・日・月単位の短期間だけ借りる契約方式。

労務編

確定拠出年金／iDeCo（イデコ）　年金制度の１つで、自ら運用して掛金を増やすのが特徴。掛金を会社が拠出する企業型と、加入者自身が拠出する個人型（iDeCo）がある。個人型の場合、掛金は給与から天引き、または個人口座から納める。

忌引き休暇（きび）　近親者が亡くなった場合に、葬儀や喪に服するための休暇。配偶者が亡くなった場合は10日、同居の父母の場合は７日、子の場合は５日など。法的な基準はなく、休暇の有無や日数、有給・無給などは、各社の取り決めによる。

給与支払報告書　前年１年間に社員に支払った給料や賞与の額などを記入して、社員の住所がある市区町村に提出する書類。期限は毎年１月31日。この書類から住民税額が計算される。「給与所得の源泉徴収票」と記載内容は同一で、複写式になっている。

高額療養費　同一の医療機関で、１か月分の医療費が一定の金額（自己負担限度額）を超えた場合、超えた部分を本人に払い戻す健康保険給付のしくみ。自己負担限度額は、所得などに応じて決まる。また、入院と通院は合算できない。

高年齢雇用継続給付　定年後に引き続き働く人への雇用保険の給付。継続雇用などで働いて賃金が下がる60〜64歳の人に一定額を支給して、賃金減少をカバーする高年齢雇用継続基本給付金と、基本手当受給中に再就職が決まった場合に支給する高年齢再就職給付金がある。

就職促進給付　雇用保険の失業給付の１つ。早期の再就職をした労働者などへの給付。基本手当受給中に再就職した場合の再就職手当が代表的。その他、就業促進定着手当、就業手当、常用就職支度手当などがある。

中小企業退職金共済制度（中退共）　国が中小企業の退職金をサポートする制度。会社が加入して掛金を支払うと、労働者に一定額の退職金が支給される。一般業種（製造業、建設業など）の場合、常用従業員300人以下、または資本金３億円以下の中小企業が対象となる。

懲戒処分　社員の企業秩序違反に対する懲罰として行われる処分。重いものから順に、解雇、停職（出勤停止）、減給、戒告（けん責）など。懲戒処分を行うには、処分の基準と内容を、就業規則に定めていることが必要。

賃金台帳　社員（従業員）1人ひとりの勤務時間や労働日数、基本賃金、各種保険料や税金による控除額を記載した台帳。労働基準法により、作成が義務づけられており、雇用保険や労災保険の手続きの際に、添付が必要になる場合がある。最後の記入日から5年（当面3年）の保存義務がある。

定時決定　社会保険について、年に1回、7月に保険料計算の基礎となる標準報酬月額の改定を行うこと。標準報酬月額は、被保険者資格を取得したときに決定するが、社員の給与は昇給や扶養者の増減などによって毎年変わるために行われる措置。

派遣社員　人材派遣会社と労働契約を結び、実際の労働は派遣先の会社で行う労働者のこと。人材派遣会社と派遣先の会社の間で、労働者派遣契約を結び、派遣先の会社は人材派遣会社に派遣料を支払う。人材派遣会社が労働者に賃金を支払う。労働条件も人材派遣会社の規程がベースとなる。

パートタイム・有期雇用労働法　パートタイム労働法（短時間労働者の労働条件の確保などを目的としてつくられた法律）が、2020年4月に改正されたもの。派遣労働者などを含めた非正規社員の待遇の整備が強化された内容になっている。

ハローワーク（公共職業安定所）　求職者への職業紹介や職業訓練、雇用保険の各給付などを行う国の機関。全国各地に設置されている。30歳未満などの若年層を対象とした「ヤングハローワーク」、子供を持つ母親に特化した「マザーズハローワーク」などもある。

標準報酬日額　1か月の報酬額を等級表（第1級から第50級までの50段階）に当てはめて算出した「標準報酬月額」を30（日）で割った金額。健康保険の傷病手当金や出産手当金などの日額の算出に用いられる。

変形労働時間制　1週間、1か月、1年など、一定の期間内において、労働時間を調整できる制度。時期によって繁閑の差が激しい場合に、忙しい時期は長時間労働、その分、閑散期には短時間労働にするしくみ。ただし、労働者保護のため、期間内の労働時間は法定労働時間内であることなど、さまざまな制限が設けられている。

法定調書　国税に関して、税務署に提出が義務づけられている書類。主なものに、給与支払報告書（給与所得の源泉徴収票）、特別徴収票（退職所得の源泉徴収票）、支払調書など。法定調書は、年末調整後、翌年1月31日までに税務署や市区町村に提出する。

マイナンバー制度　国民1人ひとりに個人番号（マイナンバー）を割り当て、社会保障や税金の行政手続きを効率化し、国民の利便性を高める制度。2016年から運用が始まった。

雇い止め　有期労働契約において、雇用期間満了に伴い、使用者の一方的な意思により契約更新をせず、契約を終了させること。厚生労働省は、「有期労働契約の締結、更新及び雇止めに関する基準」を設けている。

労使協定　労働者の過半数で組織する労働組合、または労働者の過半数を代表する者と会社の間で交わされる、労働条件に関する取り決め。労働時間や勤務体制などに関する労使協定は、労働基準監督署に届け出が必要。

労働協約　労働組合法に基づいて、労働組合と会社の間で交わされる、労働条件に関する書面での取り決め。労働協約は、労使協定とは異なり、会社が定めた就業規則に優先される強い拘束力がある。

労働三法　労働基準法、労働組合法、労働関係調整法のこと。労働者の権利を守るための労働法のなかで、最も根幹となる法律。

経理編

売上原価　売れた商品（製品）に対してかかった仕入れ費用（原価）。損益計算書の「費用の部」に計上される。「期首棚卸高＋当期仕入高－期末棚卸高」という計算により算出される。当期の売上高から売上原価を差し引いた金額が、売上総利益（粗利益）。

延滞税　納めるべき税金を、定められた期限までに納付しなかった場合に課せられる税金。納付期限の翌日から2か月までは年2.5%、2か月を経過した日以降は年8.8%の割合となる（特例による割合・2021年1月1日〜2021年12月31日の場合）。

開業費　法人設立（登記）後から営業を開始するまでにかかった費用。消耗品や備品の購入費や事務所経費、宣伝費など。一括で必要経費にするほか、金額をまとめて、繰延資産として扱うこともできる。似た費用に「創立費」があるが、これは定款作成や法人登記などにかかった費用。

黒字倒産　損益計算書のうえでは黒字でも、売掛金を回収できていなかったり、取引先が倒産したために、手元に支払いの現金が足りず、会社経営が立ち行かなくなり、倒産すること。

これだけは知っておきたい　総務・労務・経理のキーワード68

更正の請求　申告書を提出後、税額が多すぎる、還付金が少なすぎることに気がついたときに行う手続き。「更正の請求書」に正しい内容を記入のうえ（その内容を証明する書類が必要）、税務署に提出する。

国税　国に納める税金。国の財政・サービスに使われる。所得税、法人税、消費税、関税、酒税、自動車重量税、印紙税、相続税、贈与税などがある。

小口現金　文房具や切手などの購入、社員の交通費精算など、少額の現金のやりとりのために、準備しておく一定の現金のこと。1週間〜1か月に使用する金額を事前に見積もって、こまかな支払いやおつりに対応できるよう、金種（1円硬貨〜1万円紙幣）を過不足なくそろえておく。

固定資産税　毎年1月1日現在の土地、家屋、償却資産（自動車は除く）の所有者に対してかかる地方税（市町村税、東京23区は都税）。市町村などからの通知に基づき、年4回に分けて納める。損金に算入できる。

雑収入　本業の売り上げ以外で、①少額で本業に対して重要性が低く、②ほかのどの勘定科目にも当てはまらない収益。損益計算書の「営業外収益」に入る。

仕掛品　製造業などで、材料や最終的な製品になる過程の中間的なもので、そのままでは販売できない状態の製品。流動資産の棚卸資産として扱う。中間的な状態であっても、販売可能なものは「半製品」として区別される。

市町村税　住所地の市区町村に納める税金（地方税の1つ）。市町村民税（住民税、法人住民税）、事業所税、軽自動車税、固定資産税、都市計画税などがある。なお、東京23区では市町村税のいくつかを都税としている。

税務調査　国税局や税務署が、直接会社などを訪れて、申告内容について帳簿などを調べること。誤りや不正があれば是正が求められ、申告もれ所得に対しては追徴課税となる。

損益計算書　事業年度における収益と費用をまとめた、会社の経営状況を示す書類。会社の事業活動によって、期ごとに経常的に発生する損益をまとめた経常損益の部や、それ以外に発生する特別な損益である特別損益の部からなる。

損益分岐点　売上高と費用（コスト）の総額が同額になり、損益が等しくなる境界のこと。ここを基準に売上高が増えれば利益が生まれ、費用が増えれば損失が生じる。「採算点」ともいわれる。

貸借対照表　決算日（期末）における資産、負債、純資産をまとめた会社の財政状態を表す書類。バランスシートともいう。どれくらいの現金・預金、商品、土地、建物、設備などの資産を持ち、どれくらいの借金や未払い金などの負債を抱えているのかを示す。

特別徴収　住民税などの地方税や、健康保険料などの社会保険料を、会社が給与から天引きして、一括して市区町村に納付する方法。自ら納める方法を「普通徴収」という。

道府県税　住所地の道府県に納める税金。道府県民税（住民税、法人住民税）、事業税、自動車税、不動産取得税などがある。東京都の場合は都税。道府県民税（法人住民税）は、管轄の都道府県税事務所に納める。

荷造運賃　商品などを出荷する際に発生する荷造りや梱包費（段ボールやガムテープ、梱包材料など）、運送代を計上するための勘定科目。損益計算書の「販売費および一般管理費」に入る。なお、仕入れで負担した運送費は、仕入高に含める。

日本政策金融公庫　国民生活金融公庫、中小企業金融公庫などが統合してスタートした、政府系金融機関。国民一般向け、中小企業向け、農林水産業者向けの融資や支援などの業務を行う。小規模会社や個人事業主には、開業・運転などの資金を融資している。略称は「日本公庫」。

普通徴収　納税対象者が直接、住民税などの地方税を金融機関などで、住所地の市区町村に納付する方法。住民税などを特別徴収されていた社員も、退職すると原則として普通徴収になる。

法定福利費　会社が保険料（の一部）を負担することが、法律で定められている福利厚生費用。健康保険、介護保険、厚生年金保険、雇用保険、労災保険の保険料。一方、福利厚生費は、社員の意欲向上などのために給与以外に会社が行う給付等をいう（法定外福利費ともいう）。

役員報酬　取締役など役員への報酬。定款や株主総会で決められた基準により、毎月など、定期的に支給される役員への報酬は、原則損金に算入できるが、過大なものは認められない。なお、役員への賞与も同様に、一定の要件を満たせば損金に算入できる。

与信管理　取引先の財務分析などを通して、取引先に応じて売掛金に限度額（与信限度額＝回収可能な目安）を設けるなど、信用状況を管理すること。売掛金回収の確実性を高めるために行う。

総務・労務・経理 お役立ち資料集

年次有給休暇日数表

● 一般社員（従業員）の場合
（週の所定労働時間が 30 時間以上または週の所定労働日数が 5 日以上）

	勤続期間						
	6か月	1年6か月	2年6か月	3年6か月	4年6か月	5年6か月	6年6か月以上
休暇日数	10日	11日	12日	14日	16日	18日	20日

● パートタイマーなどの場合
（週の所定労働時間が 30 時間未満で所定労働日数が週 4 日以下）

週の所定労働日数	年間の所定労働日数	勤続期間						
		6か月	1年6か月	2年6か月	3年6か月	4年6か月	5年6か月	6年6か月以上
4日	169〜216日	7日	8日	9日	10日	12日	13日	15日
3日	121〜168日	5日	6日	6日	8日	9日	10日	11日
2日	73〜120日	3日	4日	4日	5日	6日	6日	7日
1日	48〜72日	1日	2日	2日	2日	3日	3日	3日

雇用保険料率表（2021年）

事業の種類	保険料率	事業主負担	被保険者負担
一般の事業	9/1000	6/1000	3/1000
農林水産 清酒製造の事業	11/1000	7/1000	4/1000
建設の事業	12/1000	8/1000	4/1000

労災保険料率表（2018年度から）

事業の種類		保険料率
林業	林業	60/1000
漁業	海面漁業（定置網漁業または海面魚類養殖業を除く）	18/1000
	定置網漁業または海面魚類養殖業	38/1000
鉱業	金属鉱業、非金属鉱業（石灰石鉱業またはドロマイト鉱業を除く）または石炭鉱業	88/1000
	石灰石鉱業またはドロマイト鉱業	16/1000
	原油または天然ガス鉱業	2.5/1000
	採石業	49/1000
	その他の鉱業	26/1000
建設事業	水力発電施設、ずい道等新設事業	62/1000
	道路新設事業	11/1000
	舗装工事業	9/1000
	鉄道または軌道新設事業	9/1000
	建築事業（既設建築物設備工事業を除く）	9.5/1000
	既設建築物設備工事業	12/1000
	機械装置の組立てまたは据付けの事業	6.5/1000
	その他の建設事業	15/1000
製造業	食料品製造業	6/1000
	繊維工業または繊維製品製造業	4/1000
	木材または木製品製造業	14/1000
	パルプまたは紙製造業	6.5/1000
	印刷または製本業	3.5/1000
	化学工業	4.5/1000
	ガラスまたはセメント製造業	6/1000
	コンクリート製造業	13/1000
	陶磁器製品製造業	18/1000
	その他の窯業または土石製品製造業	26/1000
	金属精錬業（非鉄金属精錬業を除く）	6.5/1000
	非鉄金属精錬業	7/1000
	金属材料品製造業（鋳物業を除く）	5.5/1000
	鋳物業	16/1000
	金属製品製造業または金属加工業（洋食器、刃物、手工具、一般金物製造業、めっき業を除く）	10/1000
	洋食器、刃物、手工具または一般金物製造業（めっき業を除く）	6.5/1000
	めっき業	7/1000
	機械器具製造業（電気機械器具製造業、輸送用機械器具製造業、船舶製造または修理業及び計量器、光学機械、時計等製造業を除く）	5/1000
	電気機械器具製造業	2.5/1000
	輸送用機械器具製造業（船舶製造または修理業を除く）	4/1000
	船舶製造または修理業	23/1000
	計量器、光学機械、時計等製造業（電気機械器具製造業を除く）	2.5/1000
	貴金属製品、装身具、皮革製品等製造業	3.5/1000
	その他の製造業	6.5/1000
運輸業	交通運輸事業	4/1000
	貨物取扱事業（港湾貨物取扱事業及び港湾荷役業を除く）	9/1000
	港湾貨物取扱事業（港湾荷役業を除く）	9/1000
	港湾荷役業	13/1000
電気、ガス、水道または熱供給の事業	電気、ガス、水道または熱供給の事業	3/1000
その他の事業	農業または海面漁業以外の漁業	13/1000
	清掃、火葬またはと畜の事業	13/1000
	ビルメンテナンス業	5.5/1000
	倉庫業、警備業、消毒または害虫駆除の事業またはゴルフ場の事業	6.5/1000
	通信業、放送業、新聞業または出版業	2.5/1000
	卸売業・小売業、飲食店または宿泊業	3/1000
	金融業、保険業または不動産業	2.5/1000
	その他の各種事業	3/1000
	船舶所有者の事業	47/1000

印紙税額一覧表（本冊59ページに掲載した以外の文書）

文書の種類		印紙税額（記載された金額・1通につき）	
1号、2号文書 → 本冊59ページ			
3号文書	約束手形、為替手形	記載された手形金額が	
		10万円未満	非課税
		10万円以上100万円以下	200円
		100万円超200万円以下	400円
		200万円超300万円以下	600円
		300万円超500万円以下	1000円
		500万円超1000万円以下	2000円
		1000万円超2000万円以下	4000円
		2000万円超3000万円以下	6000円
		3000万円超5000万円以下	1万円
		5000万円超1億円以下	2万円
		1億円超2億円以下	4万円
		2億円超3億円以下	6万円
		3億円超5億円以下	10万円
		5億円超10億円以下	15万円
		10億円超	20万円
4号文書	株券、出資証券もしくは社債券または投資信託、貸付信託、特定目的信託もしくは受益証券発行信託の受益証券	記載された券面金額が	
		500万円以下	200円
		500万円超1000万円以下	1000円
		1000万円超5000万円以下	2000円
		5000万円超1億円以下	1万円
		1億円超	2万円
5号文書	合併契約書または吸収分割契約書もしくは新設分割計画書		4万円
6号文書	定款		4万円
7号文書 → 本冊59ページ			
8号文書	預金証書、貯金証書		200円
9号文書	倉荷証券、船荷証券、複合運送証券		200円
10号文書	保険証券		200円
11号文書	信用状		200円
12号文書	信託行為に関する契約書		200円
13号文書	債務の保証に関する契約書		200円
14号文書	金銭または有価証券の寄託に関する契約書		200円
15号文書	債権譲渡または債務引受けに関する契約書	記載された契約金額が1万円以上	200円
		契約金額の記載のないもの	200円
16号文書	配当金領収証、配当金振込通知書	記載された配当金額が3000円以上	200円
		配当金額の記載のないもの	200円
17号文書 → 本冊59ページ			
18号文書	預金通帳、貯金通帳、信託通帳、掛金通帳、保険料通帳	1年ごとに	200円
19号文書	消費貸借通帳、請負通帳、有価証券の預り通帳、金銭の受取通帳などの通帳	1年ごとに	400円
20号文書	判取帳	1年ごとに	4000円

所得控除一覧表

所得控除の名称	対象者	控除される額
社会保険料控除	本人や家族の社会保険料（健康保険料、厚生年金保険料など）を支払った人	1年間に支払った全額
小規模企業共済等掛金控除	小規模企業共済などの掛金を支払った人	1年間に支払った全額
生命保険料控除	本人や家族の生命保険料や個人年金保険料を支払った人 *1	生命保険料・最高4万円 個人年金保険料・最高4万円 介護医療保険料・最高4万円 （合計で最高12万円）
地震保険料控除	地震保険料を支払った人	地震保険料・最高5万円 旧長期損害保険料・最高1万5000円 （合計で最高5万円）
ひとり親控除、寡婦控除	夫（妻）と死別、離婚、未婚のひとり親など、一定条件に当てはまる人	子がいる場合35万円
勤労学生控除	合計所得金額75万円以下など、一定条件を満たす勤労学生	27万円
障害者控除	本人や扶養親族が一定の障害者・特別障害者である人	27万円（特別障害者40万円、同居特別障害者75万円）
配偶者控除	1年間の合計所得金額が48万円以下の配偶者がいる人（その年の本人所得が1000万円以下）	最高38万円（70歳以上の控除対象配偶者最高48万円）
配偶者特別控除	1年間の合計所得金額が48万円超133万円未満の配偶者がいる人（その年の本人所得が1000万円以下）	最高38万円
扶養控除	1年間の合計所得金額が48万円以下の対象扶養親族がいる人	基本として1人につき38万円（条件により異なる）
基礎控除	すべての人が一律に受けられる（その年の本人所得が2500万円以下）	最高48万円
雑損控除	災害や盗難などで、本人や家族の資産に一定以上の損害を受けた	①差引損失額*2－総所得金額×10% ②災害関連支出－5万円 いずれか多いほう
医療費控除*3	本人や家族の1年間の医療費がおおむね10万円を超える	①医療費－保険金などで補填される金額－10万円 ②医療費－保険金などで補填される金額－総所得金額の5%　いずれか多いほう
寄附金控除	国や地方公共団体など、定められた団体に寄附（特定寄附金）をした	特定寄附金の額－2000円（特定寄附金は、総所得金額の40%が限度）

年末調整の対象となる

年末調整の対象外（社員自身の確定申告で適用）

＊1　2011年以前の契約については、生命保険料、個人年金保険料の上限がそれぞれ5万円。合計で最高10万円となる。

＊2　損害金額＋災害関連支出－保険金などで補填される金額。

＊3　選択により、セルフメディケーション税制（一定の市販薬購入費の控除）の適用を受けられる。

主な固定資産の耐用年数、償却率表

構造・用途		耐用年数	償却率	
			定額法	定率法
建物	鉄骨鉄筋コンクリート造または鉄筋コンクリート造 ● 事務所用	50 年	0.020	-
	● 飲食店用	41 年	0.025	-
	（延べ面積のうち、木造内装部分が 3 割を超えるものは 34 年）			
	● 店舗用	39 年	0.026	-
	れんが造、石造またはブロック造 ● 事務所用	41 年	0.025	-
	● 飲食店用	38 年	0.027	-
	● 店舗用	38 年	0.027	-
	金属造（骨格材の厚さ 4 ミリ超） ● 事務所用	38 年	0.027	-
	● 飲食店用	31 年	0.033	-
	● 店舗用	34 年	0.030	-
	金属造（骨格材の厚さ 3 ミリ超 4 ミリ以下） ● 事務所用	30 年	0.034	-
	● 飲食店用	25 年	0.040	-
	● 店舗用	27 年	0.038	-
	金属造（骨格材の厚さ 3 ミリ以下） ● 事務所用	22 年	0.046	-
	● 飲食店用	19 年	0.053	-
	● 店舗用	19 年	0.053	-
	木造または合成樹脂造 ● 事務所用	24 年	0.042	-
	● 飲食店用	20 年	0.050	-
	● 店舗用	22 年	0.046	-
車両	自動車（一般用） ● 小型車（総排気量が0.66 リットル以下）	4 年	0.250	0.500
	● 貨物自動車（ダンプ式のもの）	4 年	0.250	0.500
	● その他	6 年	0.167	0.333
	● 二輪または三輪自動車（バイクなど）	3 年	0.334	0.667

注・定率法の償却率は、平成24年4月1日以後に取得した資産の場合。

器具や備品	家具、電気機器、ガス機器および家庭用品	事務机、事務いす、キャビネット	主として金属製	15 年	0.067	0.133
			その他	8 年	0.125	0.250
		応接セット	接客業用	5 年	0.200	0.400
			その他	8 年	0.125	0.250
		ベッド		8 年	0.125	0.250
		ラジオ、テレビ、テープレコーダーその他の音響機器		5 年	0.200	0.400
		冷房用または暖房用機器		6 年	0.167	0.333
		電気冷蔵庫、電気洗濯機、その他これらに類する電気またはガス機器		6 年	0.167	0.333
		カーテン、座布団、寝具、丹前、その他これらに類する繊維製品		3 年	0.334	0.667
		じゅうたん、その他の床用敷物	小売業用、接客業用など	3 年	0.334	0.667
			その他	6 年	0.167	0.333
		室内装飾品	主として金属製	15 年	0.067	0.133
			その他	8 年	0.125	0.250
		食事または厨房用品	陶磁器製またはガラス製	2 年	0.500	1.000
			その他	5 年	0.200	0.400
	事務機器、通信機器	パソコン（サーバー用を除く）		4 年	0.250	0.500
		複写機、計算機（電子計算機を除く）、金銭登録機（レジスター）、タイムレコーダー		5 年	0.200	0.400
		その他の事務機器		5 年	0.200	0.400
		ファクシミリ		5 年	0.200	0.400
	光学機器、写真製作機器	カメラ、映画撮影機、映写機		5 年	0.200	0.400
	看板、広告器具	看板、ネオンサイン		3 年	0.334	0.667
		マネキン人形、模型		2 年	0.500	1.000
		その他	主として金属製のもの	10 年	0.100	0.200
			その他	5 年	0.200	0.400
	無形固定資産	特許権		8 年	0.125	-
		実用新案権		5 年	0.200	-
		意匠権		7 年	0.143	-
		商標権		10 年	0.100	-
		ソフトウェア	複写して販売するための原本	3 年	0.334	-
			その他	5 年	0.200	-

国税庁資料より抜粋して作成。一部、区分や表現は改めている。

書き込み式チェック表 1

自己管理用　1年間のスケジュール

	総務の仕事	労務の仕事	経理の仕事
4月			
5月			
6月			
7月			
8月			
9月			

仕事は計画性が第一。自分の仕事の1年間の業務を書き込んで、予定を立ててみましょう。総務、労務、経理を兼務の場合は、それぞれを分けて整理します。

書き込み式チェック表

	総務の仕事	労務の仕事	経理の仕事
10月			
11月			
12月			
1月			
2月			
3月			

書き込み式チェック表 **2**

わが社の勘定科目　覚え書き

自分の会社で特徴的に使われるものや、迷いがちなもの、めったに使わないけれど、いつか使いそうなものなどを、備忘録として書き込んでおきましょう。

グループ	科目名	内容（使用するケース）
費用		
資産		
負債		
純資産		
収益		

書き込み式チェック表 **3**

困ったときの問い合わせ先リスト

業務にかかわる関係機関や相談・依頼先をまとめておきましょう。

内容（ケース）	問い合わせ先
（例） **税金全般**	○×税理士事務所
	〒 101-0000　千代田区神田○ - ○ △△ビル 2F
	TEL03-0000-0000　FAX03-0000-0000

書き込み式チェック表

18

矢印の方向に引くと
取り外せます。